Mari Andrew

DIE ABENTEUERLICHE REISE ZU MIR SELBST

mvgverlag

DIE ABENTEUERLICHE REISE ZU MIR SELBST

Der Zickzack-vor-und-zurück-Weg zum Erwachsenwerden

von MARI ANDREW

Bibliografische Information der Deutschen Nationalbibliothek

Die Deutsche Nationalbibliothek verzeichnet diese Publikation in der Deutschen Nationalbibliografie.
Detaillierte bibliografische Daten sind im Internet über http://d-nb.de abrufbar.

Für Fragen und Anregungen

info@mvg-verlag.de

1. Auflage 2019

© 2019 by mvg Verlag, ein Imprint der Münchner Verlagsgruppe GmbH
Nymphenburger Straße 86
D-80636 München
Tel.: 089 651285-0
Fax: 089 652096

Die amerikanische Originalausgabe erschien 2018 bei Clarkson Potter/Publishers, einem Imprint der Crown Publishing Group, einem Unternehmensbereich von Penguin Random House LLC, unter dem Titel *Am I There Yet*.
© 2018 by Mari Andrew. All rights reserved.

Übersetzung: Annett Stütze, Katja Theiss
Redaktion: Manuela Kahle
Umschlaggestaltung: Isabella Dorsch, dem Original nachempfunden
Umschlagabbildung: © Mari Andrew
Design Cover und Inhalt: Danielle Deschenes
Satz: Müjde Puzziferri, MP Medien, München
Druck: Florjancic Tisk d.o.o., Slowenien
Printed in the EU

ISBN Print 978-3-86882-983-9
ISBN E-Book (PDF) 978-3-96121-294-1
ISBN E-Book (EPUB, Mobi) 978-3-96121-295-8

Weitere Informationen zum Verlag finden Sie unter
www.mvg-verlag.de
Beachten Sie auch unsere weiteren Verlage unter www.m-vg.de

Für meine
MAMA

Tut mir leid, dass
es kein Enkelkind ist

INHALT

OPTIONEN:
- nach SF umziehen
- Charlie daten?
- Tierpflegerin werden?
- weiter studieren?
- Bäckerei aufmachen?
- nach Bolivien gehen?
- Hamster kaufen?

Abenteuer
TANZ
KUNST
Neue Freunde

Ich liebe dich ♥♥♥

Danke

VORSTELLUNG

Auf der Reise zum Erwachsenwerden kannst du den alten Reiseführer deiner Eltern verwenden und damit die gleichen Sehenswürdigkeiten und Eckpunkte abklappern wie sie damals auf ihrer Reise. Vermutlich ist das die einzige Route, die irgendwo herumliegt, und irgendwie sind sie ja auch angekommen, selbst wenn ihr Leben nicht unbedingt das ist, was du dir für dich wünschst. Die abgenutzte Karte zeigt vermutlich eine festgelegte Tour: was man in einem gewissen Alter erreicht haben sollte und die dazugehörigen Stationen am Wegesrand. Sie zeigt die ausgelatschten Pfade, den sicheren Weg.

Doch was, wenn dir niemand eine solche Karte überlassen hat? Oder wenn die typische Route für dich einfach nicht hinhaut? Dann kannst du dich für etwas anderes entscheiden: Du suchst dir deinen eigenen Weg. Er führt dich vielleicht durch gesperrte Industriegebiete, würfelt dir Wohngebiete zu, wärmt dich in malerischen Parks auf und führt dich auf steile tückische Berge. Während du dich auf der Reise befindest, mag dir dein Weg verworren und endlos vorkommen – vielleicht hast du dir auch selbst ein paar Umwege eingebaut und dich weit hinter deine Freunde zurückfallen lassen. Vielleicht fragst du dich: Mache ich das alles richtig?, während alle anderen längst bei Sonnenuntergang an ihren Cocktails nippen. Der Weg ist interessant (oder zumindest sagen das vielleicht deine Eltern), aber er hält auch jede Menge Furcht einflößende und absolut nicht fürs Foto geeignete Momente bereit.

Auf meinem Weg zum Erwachsenwerden habe ich viele Schleifen, Zickzackkurse, Zwischenstopps und Umwege eingelegt – meine Route erinnert eher an einen verworrenen Faden. Oft habe ich mich gefragt, ob mich mein Weg nicht in einen dunklen Wald hineinführt, weit weg vom richtigen Pfad – oder schlimmer noch, einfach nirgendwohin.

Schaue ich heute zurück, erkenne ich deutlich, dass die Schleifen, Zickzacks, Zwischenstopps und Umwege mich nicht abgebracht, sondern weitergebracht haben. Der verworrene Weg entwirrte sich, als ich im Alter von 28 Jahren Illustratorin wurde.

In die Ränder meines Notizbuches zu kritzeln und mit Typografie herumzuspielen hat mir immer viel Spaß gemacht. Doch mit Ende zwanzig machte ich

alle anderen

alle_anderen: Genieß das Leben! #gesegnet

Ernst mit dem Glück. Ich trauerte um meinen Vater und gleichzeitig um das Ende einer tiefen Beziehung. Da wurde mir klar, dass es an mir liegt, mehr Glück und Freude in mein Leben zu bringen. Ich beschloss, ein tägliches Ritual einzuführen und mir damit Glücklichsein in den Kalender zu schreiben: Ich würde ein Jahr lang jeden Tag eine Illustration zeichnen. Ich kaufte mir billige Zeichenmaterialien, legte einen neuen Instagram-Account an, damit ich mich  selbst an meinen Vorsatz hielt, und postete jeden Tag meine Zeichnungen, die zeigten, was ich gerade durchmachte: Onlinedating, ein neuer Job, ein gebrochenes Herz, Beobachtungen, wenn ich mit meinen Freundinnen unterwegs war. Nach ein paar Monaten, in denen ich jeden Abend mit Pinsel und Wasserfarbe meine Erlebnisse des Tages festgehalten hatte, verfolgten eine Menge Fremde meine täglichen Posts. Sie bezeichneten meine Zeichnungen oft als »nachvollziehbar«, wodurch ich erkannte, dass wir alle viel weniger einsam sind, als wir denken.

Plötzlich schien sich mein holpriger Weg zum Erwachsenwerden als sinnvoller Lageplan zu entpuppen. Der Anfang lag in Chicago, wo ich ins College ging und auf der Suche nach dem perfekten Karriereweg meine ersten Ängste durchlebte. Mit Mitte 20 zog ich nach Washington, D.C., wo ich zumindest einen Job fand, den ich mochte, und noch viel mehr; eine Abfolge von romantischen Fehlentscheidungen und Sackgassen, die mich durch Trauer und Enttäuschung führten. Über die Jahre habe ich mich selbst zu Abenteuern rund um die ganze Welt mitgenommen, nach Berlin, Lissabon, Rio de Janeiro und dann Granada. Überall lernte ich Neues, was mich in überraschende Richtungen schubste. All diese Lektionen, Irrungen und Wirrungen und Abenteuer habe ich gezeichnet und dabei überall auf der Welt Menschen gefunden, die auf einem ähnlich schnörkeligen Pfad unterwegs waren.

Die Essays in diesem Buch sind Notizen von der malerischen Strecke auf dem Weg zum Erwachsensein und vermitteln ein wenig vom Hintergrund der von Liebe, Freundschaft, meinem Zuhause, von Karriere, Herzeleid und Selbsterkenntnis inspirierten Illustrationen. Sie bringen dich nicht auf direktem Weg von Punkt A nach Punkt B, sondern springen eher auf meiner persönlichen Landkarte herum, damit ich mit dir teilen kann, was ich beim Erwachsenwerden auf all diesen Gebieten gelernt habe.

Du hältst hier keinen bequemen Ratgeber in Händen, der dir erklärt, wie du deinen Traumjob findest oder wie du ein Spannbettlaken ordentlich zusammenlegen kannst (das ist nämlich unmöglich!). Es ist ein Notizbuch meiner eigenen – bisherigen – Reise ins Erwachsenenleben, das dir, so hoffe ich, Trost und Bestätigung bringt, solltest du ebenfalls auf einer nicht ganz so direkten Route durchs Leben unterwegs sein. In meinen Zwanzigern waren die Geschichten anderer die Wegweiser, an denen ich mich orientiert habe. Jedes Gefühl von Wiedererkennen, von »ich auch«, erleuchtete den geheimnisvollen Pfad vor mir und dieser erschien dadurch weniger gefährlich. Mit diesem Buch möchte ich das »Ich auch«-Gefühl weitergeben und hoffe, auch deinen Weg zu erhellen.

Kapitel 1

UNSICHERHEIT ÜBERWINDEN

So wirkt es heute

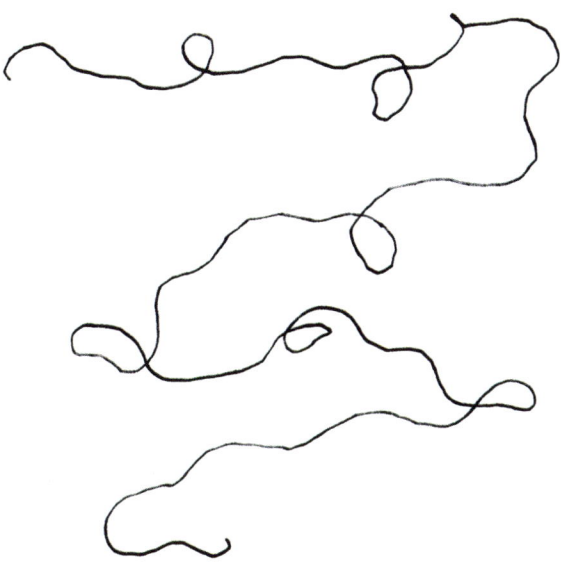

So sieht es im Rückblick aus

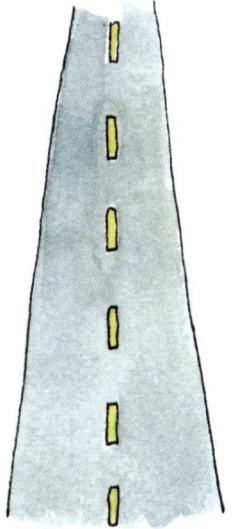

SORGEN MIT 20+

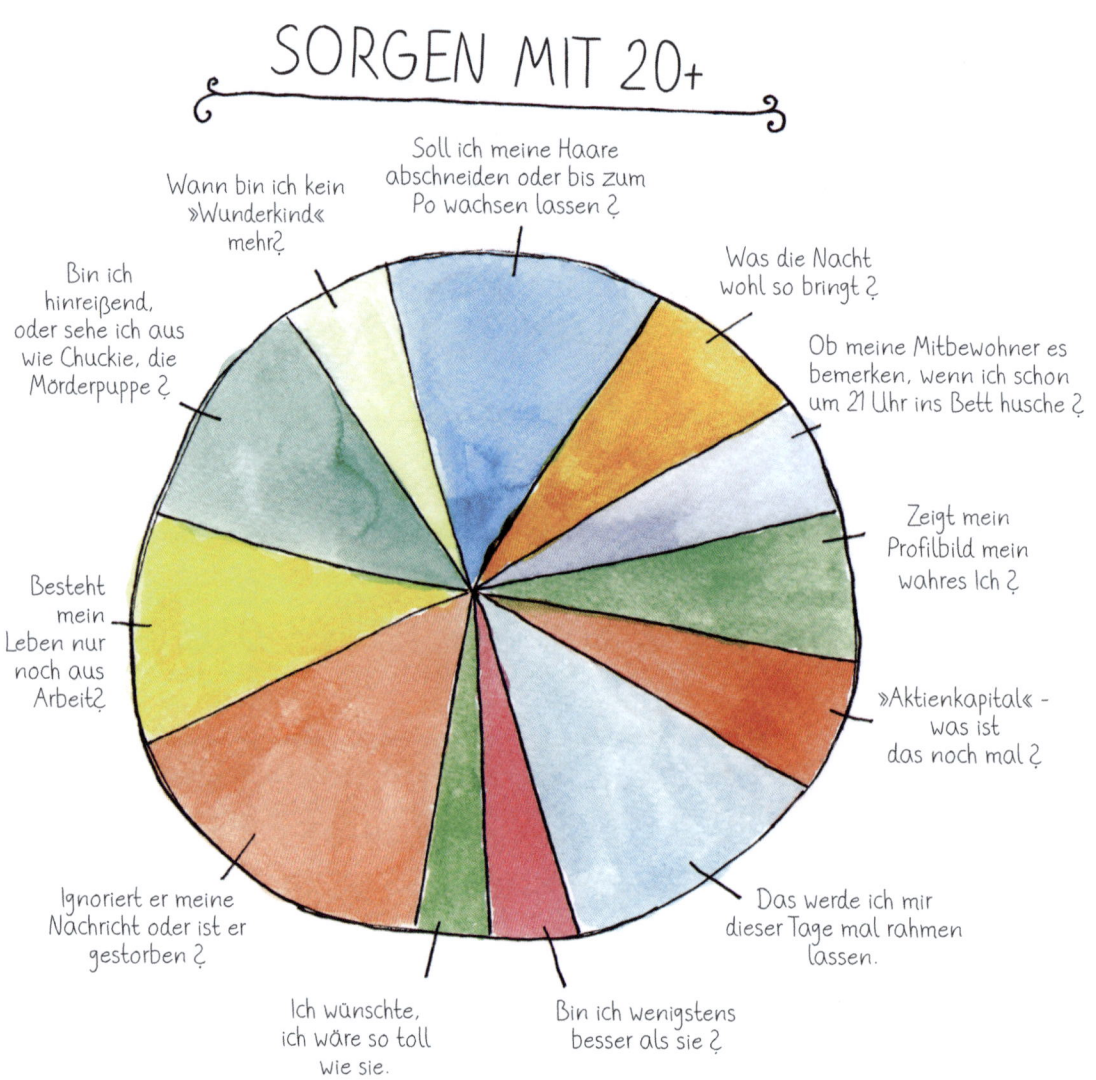

Soll ich meine Haare abschneiden oder bis zum Po wachsen lassen?

Wann bin ich kein »Wunderkind« mehr?

Bin ich hinreißend, oder sehe ich aus wie Chuckie, die Mörderpuppe?

Was die Nacht wohl so bringt?

Ob meine Mitbewohner es bemerken, wenn ich schon um 21 Uhr ins Bett husche?

Zeigt mein Profilbild mein wahres Ich?

Besteht mein Leben nur noch aus Arbeit?

»Aktienkapital« - was ist das noch mal?

Ignoriert er meine Nachricht oder ist er gestorben?

Das werde ich mir dieser Tage mal rahmen lassen.

Ich wünschte, ich wäre so toll wie sie.

Bin ich wenigstens besser als sie?

WEGWEISER IM DUNKEL

Menschen, denen man vertraut

Worte von Menschen, die den gleichen Weg einschlugen

Songzeilen, die du unbedingt brauchtest

Ablehnung von jemandem/etwas, die nicht in Ordnung war

Ermutigungen von Fremden

Blick in alte Tagebücher, um zu erkennen, dass du die wirst, die du schon immer warst

JAHRESZEITEN

Mit 24 arbeitete ich in einer beklemmenden Anwaltskanzlei in Chicago. Mit Anfang 20 hatte ich hier verschiedene Jobs ausprobiert. Doch dieser Job mit all seiner Ernsthaftigkeit fühlte sich endgültiger an. Nach einigen Wochen schienen die Tage bedeutungslos und ohne Ende – als ob ich mein ganzes Leben diesem Job verschrieben hätte. Meine Freundin erklärte mir mit Leidenschaft und Frust in der Stimme: »Das ist nicht dein ganzes Leben. Das ist nur eine Phase. In ein paar Jahren fragen wir uns bestimmt: ›Erinnerst du dich noch an die Zeit, als du in der Anwaltskanzlei gearbeitet hast?‹«

Sie hatte recht. Es war nur eine Phase. Eine kurze, erkenntnisreiche Phase, die bedeutsamer war, als ich zunächst angenommen hatte – und die ich jedes Mal in meinem Lebenslauf auslasse.

Damals fühlte es sich ganz und gar nicht wie eine Phase an; eher wie der Rest meines Lebens. Doch so fühlen sich die meisten Phasen an, wenn man sie durchlebt. Und dann verändert sich deine Umgebung in dem Augenblick, in dem du dich eingelebt hast. Der Wechsel vom Winter zum Frühling vollzieht sich langsam, doch er ist dramatisch: Er bringt einen Sinneswandel und neue Kleider mit sich. Der Umschwung vom Herbst zum Winter verläuft dagegen schnell, und zwar genau dann, wenn der Weihnachtsmann auf seinem Schlitten durch Macys bei der Parade an Thanksgiving rauscht.

Das Ende des Sommers kommt langsamer. Diese Zeit im Jahr ist für alle kostbar. Sie hat sich in die sanften Herzregionen eingeschrieben, die nicht mehr altern, seit man zehn geworden ist. Der Geruch ist vertraut – ein frisch gespitzter Bleistift und Zimtduft.

Der Herbst ist eine Zeit der Trauer. Er ist wunderschön, magisch und hat seinen eigenen Kleidungsstil, doch vor allem ist er eine Zeit des Verlustes. Selbst wenn man über das Ende des Sommers nicht traurig ist, so ist er doch herzzerreißend, besonders wenn der Regen durch die leeren Äste tropft und die Blätter wie bunte Edelsteine den Boden übersäen und nur darauf warten, in großen Müllsäcken zu landen.

Knospe weiß
nichts von der
stillen Kraft in ihr

Blatt spürt sein Wachstum
& weiß nicht, dass es
dies dem Regen verdankt

Blatt gedeiht im Sommer,
nicht ahnend, dass die Sonne
nicht immer scheinen wird

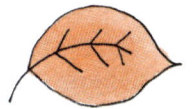

Blatt freut sich über
sein neues Gewand und
ahnt nicht, dass es sein
Sterbekleid ist

Als meine Zwanziger begannen, verriet mir eine ältere Freundin, dass dies die Zeit der Erkundungen sei. Ich hätte nun zehn Jahre, um zu wachsen, zu experimentieren und um meine Grenzen auszutesten. »Wenn du stolperst«, sagte sie, »ist das ein wundervolles Zeichen, dass du deine Grenzen gefunden hast. Du hast etwas ausprobiert, was nicht funktioniert, und nun weißt du es.«

Diese Erkenntnis leitete mich. Ich versuchte mich in Jobs, bei denen ich befürchtete, nicht gut genug zu sein, und habe dadurch unglaublich viel über meine Interessen und Fähigkeiten gelernt. Ich traf mich mit Menschen, von denen ich nicht dachte, dass sie gut für mich wären. Einige von ihnen gehören noch heute zu meinen besten Freunden. Ich bin in Städte gezogen, bei denen ich mir nicht sicher war, ob sie zu meiner Persönlichkeit passen. Und in Washington, D. C., fühlte ich mich zum ersten Mal in meinem Leben zu Hause.

Viel zu oft war ich aufgeregt und wollte doch nur gesetzt und gelassen sein, alles schon wissen, endlich keine Lektionen mehr lernen müssen und nur noch die Früchte der Erkenntnis ernten. Der beste Weg, mit dieser Ungeduld und Unsicherheit umzugehen, war, mein Leben als Abfolge von Jahreszeiten zu sehen anstelle von einzelnen kleinen Schritten. In diesem Alter ist es einfach verführerisch, im Kopf eine Liste von ›Dinge, die man als Erwachsener haben sollte‹ aufzustellen und monatlich für jeden Lebensbereich eine Strichliste zu führen.

Es gab so viele Zeiten in meinem Leben, in denen ich gefühlt nur herumsaß und wartete. So viele Zeiten, in denen ich mit schwerem Herzen vergangenen, glücklicheren Zeiten nachtrauerte, ohne zu wissen, was als Nächstes kommen würde – und wann. Heute sehe ich, dass diese Phasen des Verlustes – mein ganz persönlicher Herbst – zu den wichtigsten gehörten. Und genau dazu passte mein Job in der Anwaltskanzlei: Er war ein Herbst.

Die Phasen des Lebens ähneln den Jahreszeiten: Es gibt Zeiten des Überflusses, Zeiten des Anbaus. Der Herbst ist eine Zeit des Verlustes und er zeigt einem von vornherein, was man verlieren wird. Genau das macht ihn in all seiner Melancholie auch so reizend. Man kann beobachten, wie der Sommer dahinschwindet und eine neue Welt übernimmt. Man steht in vorderster Reihe, um den Winter endgültig triumphieren zu sehen, wie er Grad für Grad die Wärme verschluckt. Bis eines Abends bereits um fünf die Dunkelheit den Nachmittag mit einem Haps verschlingt.

Phasen des Verlustes, wie die kälteren Jahreszeiten, sind am schwersten zu überstehen, selbst wenn die logische Hälfte unseres Verstandes durchaus weiß, dass sie nicht ewig dauern werden. Ich habe einmal ein Interview mit einem Künstler gehört, dessen Vater auf der Höhe seines Erfolges starb. Er hatte seinem Vater sehr nahegestanden und war die darauffolgenden Jahre einer anstrengenden Mischung aus pflichtbewusster Dankbarkeit und überwältigender Traurigkeit verfallen.

Als er seinen Verlust beschreiben sollte, sagte er, es sei, als hätte der Croupier den Spieltisch im Casino verlassen. Alles, was ihm widerfuhr, verglich er mit einem Pokerchip – jedes Glück, jede Schwierigkeit, jede Alltäglichkeit. Für ihn hatte sein Vater diese Erfahrungen wie ein Croupier geschätzt und ihnen damit erst einen Wert zugeschrieben. Der Vater hatte jeden Moment im Leben dieses Mannes in etwas Wertvolles verwandelt, und zwar allein dadurch, dass er seinen Geschichten zugehört hatte.

Nachdem sein Vater gestorben war, saß der Mann inmitten all der Berge wertloser Plastikchips. Er versank im Verlust, die Erfahrungen glitten ihm durch seine Finger. Er war Zeuge seiner eigenen Trauer. Einen Verlust auszuhalten ist wirklich schwer; ich durchlebe es gerade. Mein Vater starb 2015.

Und es bedarf sehr viel Disziplin, sich nicht selbst zu betäuben und den Übergang in die nächste Phase zu schaffen. Jemand anderem zuzuschauen, wenn er in dieser Phase steckt, ist übrigens auch nicht leicht. Wenn also jemand »Ich bin verletzt« ruft, dann verlangt das nach sofortigem Handeln. Dabei ist es viel einfacherer zu sagen: »Das wird schon wieder besser«, »Sieh es von der positiven Seite« oder »Alles passiert aus einem Grund!«, als sich damit auseinanderzusetzen und zu sagen: »Ich kann mir kaum vorstellen, was du durchmachst – es tut mir leid.«

Wie die Jahreszeiten haben auch die Phasen im Leben keine Ziellinie. Trägt man mitten im Winter ein Sommerkleid, geht der Winter auch nicht schneller vorbei. So zu tun, als wäre es nicht kalt, ist weit weniger wirksam, als das Beste aus der Stille zu machen, die der Schneefall mit sich bringt. Selbst die hartgesottensten Winterhasser können vielleicht das Schöne an einem kalten Morgen mit einem heißen Kaffee entdecken und wissen zu schätzen, dass die bevorstehende Rückkehr des Sommers diese kühlen Morgen nur kuscheliger erscheinen lässt.

Jetzt, im September, hänge ich sowohl im »richtigen Herbst« wie auch im »Herbst des Lebens« fest. Ich versuche, anhand meines Kalenders Sinn im Leben zu erkennen. Das ist nicht leicht. Aber es ist eben auch nicht mein ganzes Leben; es ist eine Phase. Und genau darin liegt eine große Schönheit.

NACH SICH SELBST SUCHEN

versus

SICH SELBST ERSCHAFFEN

 Mit einer neuen Frisur experimentieren

 Die Frisur so gut wie möglich hinkriegen

 damit umgehen können

Neue Orte zum Leben erkunden

 Eine Wohnung« zum »Zuhause« machen

 Neue Trends austesten

 Tragen, worin man sich stark, verspielt, humorvoll, süß, elegant fühlt oder wonach einem gerade ist

Mögliche Berufe:

- Botschafterin
- Kartografin
- im Ausland arbeiten
- Poetin
- Food-Bloggerin
- Journalistin
- Designerin für Abendkleider

Notizen über Schwärmereien und Fähigkeiten machen

 Einfach springen und das Beste geben

JOBS,
DIE MAN IN DEN 20ERN MACHT

Trink-geld

BARISTA

Kollegen: Typ mit Nasenring
und gefärbten Haaren, der die Musik stets
auf volle Lautstärke stellt

Insignien der Macht: Schürze
mit Blümchenmuster

Erworbene Fähigkeiten: Erraten der
Kundenwünsche aufgrund ihres Outfits

BARKEEPER

Kollegen: »Ich bin ein Biergourmet.«

Insignien der Macht: vernünftige Schuhe

Erworbene Fähigkeiten: Gleichgewicht
halten

ENGLISCHLEHRERIN IM AUSLAND

Hallo
Guten Tag!
Tach!
Gudn!
Moin, moin

Kollegen: aufrichtige Idealisten,
die die neue Sprache unbeirrt auch in
der Freizeit üben

Insignien der Macht: Schal aus einer
Boutique vor Ort, im Haar getragen

Erworbene Fähigkeiten: auch verkatert
Zusammenhänge erklären können

EINZELHANDEL AUF PROVISIONSBASIS

Kollegen: konkurrenzstarker Profi, die den Job schon seit 20 Jahren macht

Insignien der Macht: Namensschild mit »Ich helfe gern«

Erworbene Fähigkeiten: trotz aller Schmerzen lächeln

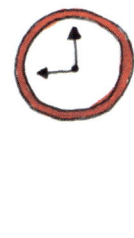

EINSTIEGSJOB IN DER ADMINISTRATION

Kollegen: 24-Jährige, die auf die 45 zugehen

Insignien der Macht: ein möglichst schmeichelhafter Bleistiftrock

Erworbene Fähigkeiten: den Internetbrowser schließen, sobald der Chef in Sichtweite kommt

ERSTER JOB IN DER TRAUMFABRIK

Kollegen: jemand, der besser ist als du

Insignien der Macht: ein Schmuckstück, um den ersten Job zu feiern!

Erworbene Fähigkeiten: Ausdauer

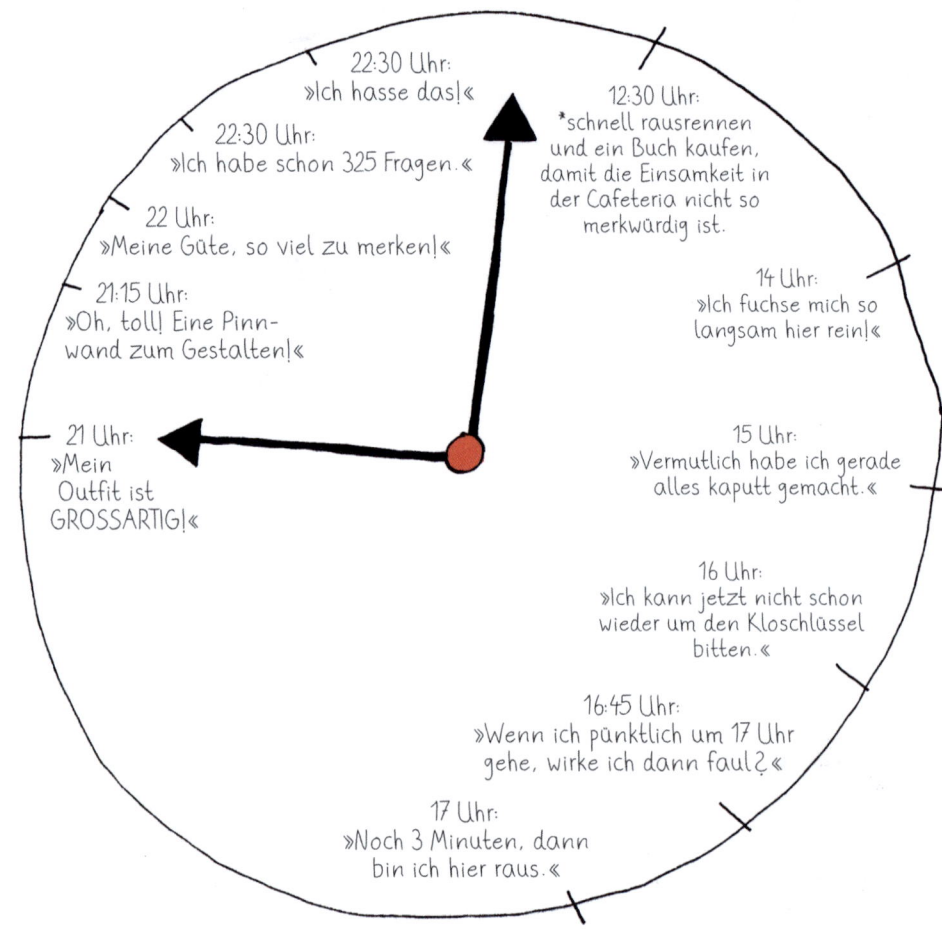

DER ERSTE TAG IM NEUEN JOB

 # OPTIONEN

In einem Sommer reiste ich nach San Francisco, um einen Freund zu besuchen. Ich ließ die Hitze des Washingtoner Sommers hinter mir und döste über Nebraska quer über vier Flugzeugsitze ausgestreckt, während mein Ziel Mission Dolores um 19 Uhr auf mich wartete.

Die ganze Reise fühlte sich wie ein Traum an, wie eine andere Dimension zu meinem wirklichen Leben. Die kühlere Luft wirkte wie eine misstönende Unterbrechung der Realität. Für mich ist San Fransisco das Land des ewigen Herbstes, wie die meisten lateinamerikanischen Städte sich »Land des ewigen Frühlings« nennen. Ich kam in einer kühlen Nacht an, trug eine türkisfarbene Strumpfhose und Lederstiefel.

Auch die Unternehmungen in San Francisco waren für mich in jeglicher Hinsicht ungewöhnlich. Zum Beispiel ging ich wandern. Und es braucht schon eine ganze Menge, um mich zum Wandern zu bewegen. Mindestens ein großer Pott Kaffee und ein Bagel so groß wie mein Kopf sollten locken und im Anschluss sollte unbedingt noch ein Nachtisch drin sein. Ich ging also wandern und entdeckte überraschenderweise positive Seiten an dieser Aktivität. Wenn man die grünen, geschwungenen Pfade von Mount Tamalpais früh genug hinaufwanderte, dann zog sich der Nebel zurück und gab hoch oben auf dem Gipfel den Blick auf den Ozean frei. Zuerst erkennt man das Wasser gar nicht als Wasser. Es wirkt wie eine feste Decke aus Kobalt, die sich den ganzen Weg nach unten bis zum Fuße der Hügel erstreckt. Jedenfalls so lange, bis die Sonne sich ihren Weg durch den Nebel hindurch zu den Wellen gebahnt hat. Als mein Liebster aus San Francisco mich fragte, ob sich der Aufstieg gelohnt habe, konnte ich gar nicht anders, als mit Ja antworten. (Es hatte sich richtig gelohnt.)

Während der meisten dieser kühlen, glückseligen Augusttage meinte ich, das Leben einer anderen zu beobachten. Es gab jedoch einen Augenblick, in dem ich mich mit all meinen Gedanken, mit allen Fasern meines Körpers präsent fühlte. Nach einem kleinen Nickerchen nach dem Brunch stand ich am Fenster und schaute für lange Zeit nach draußen. Mein Blick glitt über die Dächer und die Palmen hin zum am weitesten entfernten Punkt, den ich erkennen konnte – zu den Anfängen des Sonnenuntergangs in der Ferne. Es war einer jener seltenen magischen Momente, an dem zwei alternative Universen sich plötzlich überlagerten – mein Leben in Washington, D. C. und das Leben, das ich in San Fransisco führen könnte.

CHICAGO, ILLINOIS

UND ALL DIE JOBS, DIE ICH HIER HATTE

TURNHALLE

Ich habe in einer pinkfarbigen Einraum-Zimmerwohnung gewohnt, die abseits von allem lag - außer vom See

BÄCKEREI

Verliebt in Schokocroissants und meinen irischen, Gedichte schreibenden Kollegen

KAFFEE

Morgens um 4 Uhr aufgestanden, um Bauarbeitern Kaffee zu kochen

pruchsvolle
Jährige in
unterrichtet

BOUTIQUE

Seidenkleider an
anspruchsvolle Damen verkauft

Blazer
getragen

**ANWALTS-
KANZLEI**

SPRACHSCHULE

Englischstunden
für Geflüchtete aus dem
Irak gegeben

Café

schick

Caffé Latte für
die Anwälte
zubereitet

Kofferpacken, um sich mit Liebhaber zu treffen

unpraktischer Vintage-koffer

duftende Erfrischungstücher

schön sauber

legeres Kleid, um locker und ungezwungen zu wirken

für jedes Outfit die passenden Schuhe

zufällig hinreißendes Nachthemd

Ersatz-lippenstift

kratzt

ein durchdachtes und altmodisches Andenken

Ursprünglich hatte ich geplant, nach San Fransisco umzuziehen. Immer wieder hatte ich in der Vergangenheit darüber nachgedacht und es doch nie getan. In diesem Augenblick dachte ich: Vielleicht kann ich das Schicksal überlisten und die Sache in die eigenen Hände nehmen. Vielleicht kann ich jetzt wählen. Es gab ein paar wirklich gute Gründe, die für einen Umzug sprachen, und noch ein paar praktische Gründe und Gründe, die weder praktisch noch gut waren.

Durch das offene Fenster zogen die nicht zueinander passenden Düfte einer milden Meeresbrise und des Rauchs aus einer nahe gelegenen Burrito-Küche herein. Und mir wurde klar, dass ich eine Wahl hatte: Wollte ich diesen Moment als Besucher oder als Bewohner erleben? Wollte ich diesen Sommer zu meinem machen – das Paradies der morgendlichen Strickjacken und goldenen Nachmittage – oder sollte dieser Sommer meine alternative Realität bleiben? Meine Wahl zugunsten von D. C. lag letztendlich an meinen finanziellen Mitteln, doch vermutlich hatte sich auch etwas Angst in meine Pro-und-Kontra-Liste geschlichen. Zu diesem Zeitpunkt war mir meine Karriere wichtiger und ich angelte nach Stabilität und Sicherheit, die außerhalb meiner Reichweite lagen. Es fühlte sich nicht richtig an, die süße Meeresbrise über einen Jobeinstieg, der Sicherheit bot, zu stellen.

Als ich ein paar Jahre nach meinem Collegeabschluss nach D. C. zog, sagte ich damit Nein zu verschiedenen alternativen Leben. Es treibt mich jetzt nicht um, aber ab und an denke ich schon darüber nach. Tatsächlich würde ich mir gern eines Tages diese Leben anschauen, um dann zufrieden in mein wahres Leben in all seiner unperfekten, überraschenden Pracht zurückzukehren.

In diesem Sommer an die Ostküste begeisterte mich, dass es am Morgen noch ein wenig frisch war, bis mir auffiel, dass meine Klimaanlage auf der niedrigsten Stufe lief und dass ich die Strickjacke doch nicht brauchte. Es war bereits um acht Uhr morgens heiß, also bereitete ich mich auf meinen zunehmend unangenehmen Arbeitsweg vor. Ich war mir nicht sicher, ob ich mich je an die Sommerstürme oder die Schwüle gewöhnen würde, und Glühwürmchen hielt ich noch immer für eine optische Täuschung. Zumeist sind die Jahreszeiten in Washington, D. C., ziemlich normal, aber die Sommer sind ein exotisches Biest, das sich nicht zähmen lässt. Er wird mich wohl immer im Kleinen wie im Großen schocken.

An Tagen wie diesen denke ich an mein anderes Ich in diesem alternativen Sommer-San-Francisco-Universum, an den Sommer, für den ich mich fast entschieden hätte. Ein Sommer wie eine zahme, artige Hauskatze. Ein Sommer, der am Morgen langsam hervorkriecht, am Nachmittag schläft und sich zeitig am Abend zurückzieht. Nicht wie dieses tobende Ostküstenmonster, das bis zur melancholischen Septembermitte keine Ruhe findet. Ich denke darüber nach, was dieses andere Ich wohl tut. Vielleicht sind Wanderungen ja jetzt typisch für sie. Vielleicht hat sie schon den muskulösen Körper einer regelmäßigen Wanderin! (Im besten Fall!) Vielleicht ist mein anderes Ich aber auch einsam. Oder sie ist glücklich wie nie zuvor. Möglicherweise hat sie keinen Job oder einen Job, den sie hasst, oder auch ihren Traumjob. Vielleicht sitzt sie immer noch an dem Fenster mit Blick auf die Palmen, trinkt Whisky und hört die romantischen Balladen auf der Gitarre aus dem Wohnzimmer der Nachbarn unter ihr. Vielleicht vermisst sie die Hitze der Ostküste und die wilden nächtlichen Stürme.

Als ich so dastand, die vom Ozean getränkte Luft einatmete und die Palmwedel in der salzigen abendlichen Sommerbrise Salsa tanzen sah, wurden all diese Möglichkeiten lebendig.

Mein kalifornischer Freund scherzte immer, dass die Leute aus dem Mittleren Westen bleiben würden, »weil sie nicht wussten, dass der Winter optional ist«. Ich dagegen habe erkannt, dass auch der Sommer keine Pflicht ist. Mir bot sich die Chance auf ein windiges, sommerloses Jahr und ich habe es nicht gewählt. Frustrierend an solchen Entscheidungen ist, dass man nie weiß, wie die Alternative ausgefallen wäre; ich kann nur blinzeln und mir vorstellen, was mein anderes Ich in San Francisco erlebt, während ich im schwülen Washington, D.C. vor mich hinwelke.

Doch als ich mich für den Sommer entschied, wählte ich auch den Rest des Jahres: seinen Herbst, seinen Schnee, seine neuen Freunde, seinen Job, der meine Leidenschaft wieder weckte, die Reisen meine geliebte Ostküste hoch und runter, seine vielen durchtanzten Nächte. Ich habe den Sommer gewählt und würde mich immer wieder für ihn entscheiden.

ALTERNATIVE LEBEN

Tanzlehrerin auf
Rhode Island

Pflanzen liebende
Yogalehrerin in San
Francisco

Verheiratet mit Freund
Nr. 3, Haus im Vorort
von Chicago

»Designerin« in
Montreal

Modejournalistin
in New York

Anwältin
(ernsthaft in Betracht
gezogen!)

ENTSCHEIDUNGEN

FÜR	GEGEN
Bei Abitreffen wird es fantastisch klingen	- Ich muss jede Menge neue Leute treffen
- Die Ankündigung in den sozialen Medien wird toll	- Ich muss meine Entscheidung Menschen erklären, die nichts davon verstehen
- Mein Vater wird sich darüber ärgern	- Ich werde meine Mutter enttäuschen
- Ich darf mir neue Klamotten kaufen	- Ich muss mir neue Klamotten kaufen
- Es ist aufregend	- Es ist Angst einflößend

Kapitel 2

SICH EIN ZUHAUSE SCHAFFEN

UMZUG IN EINE NEUE STADT

Hallo, liebe Welt!
Ich bin bereit für alles,
was du für mich parat
hältst!

PLATSCH!

Dieser Ort wird
mich fertigmachen!

UMZUG INS ERWACHSENENLEBEN

Zurücklassen:

Gefühl, etwas abhaken zu müssen, bevor das Erwachsenenleben beginnt

Druck, endlich >dein Ding< zu finden

alte Poster

Beziehungen, bei denen man sich fragt, was man wert ist

Vermeiden von Verantwortung

Freunde, die einen runterziehen

Mitnehmen:

Spontanität (besonders wenn es ums Tanzen geht)

Kram, der dir gefällt

Neugier

ein offenes Herz

kindliche Träume

Freunde, die einen aufbauen

Momente der Verletzlichkeit
IN EINER NEUEN STADT

Nach einem Taxi winken, dabei ignoriert werden und dann so tun, als hätte man sich nur am Kopf gekratzt

Ich arbeite dran!

Sein Einkommen bei der Wohnungssuche angeben müssen

Unauffällig den U-Bahn-Plan lesen

Bitte mögt mich!

Neue Freunde kennenlernen

Ich war letzte Nacht in der Katzenbar!

Warst du mit Oberschülern unterwegs?

Dummerweise über uncoole Abenteuer quatschen

Ist es 8te Ecke 32 oder 32te Ecke 8te?

Cool tun, wenn man eine Adresse falsch verstanden hat

ALLEIN LEBEN

Zimmer nach eigenen Launen gestalten

Podcast bei voller Lautstärke hören

merkwürdig riechendes Essen kochen

kreative Wege finden, den Reißverschluss am Rücken zuzumachen

2 Schränke in Beschlag nehmen

FOTOS

Haushaltsgegenstände im neuesten Design kaufen

Verantwortung für dieses Lebewesen übernehmen

alles auf dem Boden liegen lassen, wenn einem danach ist

in der vorhergehenden Staffel ...

Anziehen, worauf man Lust hat

ZU HAUSE

Städte sind eigentlich nur eine Ansammlung von Dörfern, die sich zusammenschmiegen und durch Züge verbunden werden, die manchmal im Untergrund und manchmal oberirdisch fahren. Mount Pleasant ist eine besonders dörfliche Nachbarschaft im Nordwesten von Washington, D. C. Es hat einen charmanten, kleinstädtischen Namen, einen kleinstädtischen Ortskern und sogar kleinstädtische Einwohner, die einen reizenden Zusammenschnitt für den Einstiegstrailer zur neuen Serie über die netten Typen, die es in der Stadt schaffen wollen, ergeben würden. Darf ich vorstellen:

DIE AVOCADO-MAGIERIN

Die Avocado-Magierin ist eine moderne Wahrsagerin, die sich mit dem unbeständigen Wesen ihres kleines Reiches auskennt: ein Berg Avocados, den sie aufmerksam hinter dem Schalter in ihrem Internationalen Markt bewacht. Sie fragt nur, wie viele du brauchst und wann du sie brauchst. Dabei kann man so präzise Angaben wie 18.27 Uhr machen und sie sucht jene aus, die genau zur Essenszeit im Inneren schon butterweich grün sind.

DAS RADIO-FAHRRAD-PHANTOM

Ich habe ihn nie gesehen, doch ich weiß, dass es ihn gibt. Das Radio-Fahrrad-Phantom fährt mit einem uralten Gettoblaster, der auf seinem Gepäckträger festgebunden ist, durch die Straßen von Mount Pleasant. Er spielt fast immer Michael Jackson. Unabsichtlich liefert er den Soundtrack für meinen Arbeitsweg, meine einsamen Abendessen und meine Version von Heimat in dieser Nachbarschaft..

DER BRUMMIGE BÄCKER

Wer hat dir was getan, brummiger Bäcker? Wer hat dir die voreiligen Falten auf die Stirn gezaubert und die Rauheit in deiner Stimme verursacht? Träumst du davon, deine Schürze zu verbrennen und dich deinem Traumjob zu widmen? Nun ja, wir wachen jedenfalls auf und freuen uns darauf, mit einer Tasse Kaffee an einem deiner Tische zu sitzen, unserem Notizbuch unsere geopferten Träume und die oftmals ungewollte Realität anzuvertrauen. Doch die alltägliche Magie deiner Bagels lindert unsere Schmerzen erheblich.

DER BROKKOLI-TROUBADOUR

Sich in jemanden zu verlieben, von dem man absolut nichts weiß, ist kinderleicht. Ich stellte mir vor, dass er Sebastian heißt. Er hat die Gypsy-Jazz-szene von Paris nur mit seiner in die Jahre gekommenen Tuba verlassen, ist auf Züge aufgesprungen und getrampt, hat seine Abenteuer in einem kleinen Taschenkalender festgehalten und, mit vielen französischen Wörtern gespickt, über seine Whisky getränkten Nächte in Memphis und seine spontanen Wanderungen in Portland geschrieben. Mit seinem Sommerjob, dem Verkauf von Brokkoli auf dem Bauernmarkt von Mount Pleasant, will er seine Fahrt nach Montreal finanzieren, um dort sein erstes Jazzalbum aufnehmen zu können. Von all dem ahnt er selbst nichts.

JUGENDLICHE IM PARK

Ich höre immer wieder die gleichen Klagen über Washington, D. C.: »Hier gibt es keine Kultur, keinen Stil! Alle kümmern sich nur um ihre Karrieren!« Dazu kann ich nur sagen: »Geht mal an einem Spätnachmittag in den Park, wenn die älteren Schüler aus der Schule kommen.« Sie tragen angesagte pinkfarbene Rucksäcke und haben neonblaue Fahrräder. Sie fahren Skateboard, spielen Gitarre und choreografieren Tanzschritte, die sie dann mit dem Handy aufnehmen. Sie wollen Künstler, Lehrer, Anwälte oder Modedesigner werden und sie reden nicht nur von ihren Karrieren. Sie unterstützen lokale

Läden, ohne das Wort »regional« in den Mund zu nehmen. Ihre Kultur, obwohl sie von den Doppeldeckerbussen der Touristen nicht angefahren wird, gehört eindeutig zu D. C.

Hey, Kleine! Hey, meine Kleine, heute ist es kalt, aber morgen wird die Sonne wieder scheinen, ja, ja, meine Kleine, morgen wird es wieder waaaarm sein, also zieh dich entsprechend an. Heute kalt! Also, pass auf dich auf. Alles klar. Pass auf dich auf. Mach ruhig weiter. Meine Kleine. Okay, also Tschüss jetzt.

MR EDDIE

Meist treffe ich ihn im Eingangsbereich meines Hauses, wenn ich am Briefkasten bin. Er tippt sich an den Hut, erzählt mir einen Witz und geht seiner Wege. Stets bleibe ich mit einem Lächeln zurück. Eddie ist mehr als eine Figur aus dem Filmset von Mount Pleasant, seine Gegenwart ist ein Wunder in meinen täglichen Routinen.

Mr Eddie schreitet elegant durchs Leben. Er bevorzugt die klassische Etikette, tritt zum Beispiel jeden Tag in seinem Dreiteiler samt Kirchenhut und Mahagonistock auf. Er arbeitet irgendwo in der Nachtschicht, doch nachmittags wandert er mit seinen glitzernd weißen Budapestern unsere Straße entlang, tippt hier und da grüßend an den Hut und verkündet den Wetterbericht. Er spricht wie ein altmodischer Radioreporter oder ein Prediger aus dem Süden, er zieht die Konsonanten in die Länge und durchsticht die Vokale. Stets grüßt er mich mit »Meine Kleine! Hey, meine Kleine, heute ist es kalt, aber morgen wird die Sonne wieder scheinen!«.

Eines Freitagmorgens hörte ich jemanden in der Etage unter mir schreien. Die Schreie wurden lauter und lauter und dann kam auch noch der Feueralarm dazu, der mich an die Schulglocke meiner Grundschulzeit erinnerte. Dann hörte man eine Männerstimme: »Alle raus hier!«, gefolgt von »Feuer!«.

Wie ich aus dem Bett kam, meinen Morgenmantel überzog oder die Feuerleiter am Notausgang heruntereilte, weiß ich nicht mehr, aber ich erinnere mich, dass ich, unten angekommen, den Rauch sah, der aus einem Fenster quoll. Ich musste husten und begann zu keuchen – zuvor hatte ich vor Rauch keinen sonderlichen Respekt gehabt. Er war ein zerstörerisches Nebenprodukt von verbrennendem Plastik, von Farbe, Gas und Metall. Der Notausgang war rasch in eine giftige Rauchwolke gehüllt.

Ich gesellte mich in dem kleinen Lädchen auf der anderen Straßenseite zu meinen Nachbarn. Wir erzählten uns gerade die Geschichten unserer Flucht, als wir von einem alten Mann unterbrochen wurden, der voller Panik hereinstürzte: »Entschuldigen Sie, wenn ich störe, aber mein Freund, Mr Eddie, lebt in diesem Gebäude und er ist nicht gut zu Fuß – haben Sie ihn gesehen? Geht es ihm gut?«

Wir alle blickten uns um, unsere Herzen klopften im gleichen Takt. Uns wurde klar, dass wir ihn nicht gesehen hatten, und schlimmer noch, wir hatten es nicht einmal bemerkt. Wir fragten die Feuerwehrleute nach dem Mann mit dem Stock aus Wohnung 207; sie wussten ebenfalls nichts. Dann wurden sie genauso unruhig wie wir, kamen alle halbe Stunde in den Laden gerannt, um uns durchzuzählen, und rasten dann ins Gebäude zurück, aus dem immer noch schwarzer Rauch quoll. Sie hielten uns mit beunruhigenden Neuigkeiten auf dem Laufenden: Unser Vermieter hatte sich die Hände verbrannt, sie suchten immer noch nach einem Hund, ein Raum war zusammengebrochen. Wir versuchten Scherze zu machen, um die Anspannung zu lösen, und gaben einander Kaffee aus, um unser Gefühl von Gemeinschaft zu stärken. Wie leicht man doch vergisst, dass man im Schlafanzug vor 40 Fremden steht, wenn die Gefahr des Verlustes so immens ist.

Die fünf Stunden, die wir so zusammensaßen, vergingen rasch, sogar ohne unsere Handys. Am Morgen hörten wir unsere Geschichte im Lokalradio und beobachteten die Pendler, wie sie sich ihre Frühstückssandwiches kauften und dabei versuchten, sich einen Reim auf all die Menschen im Morgenmantel zu machen, die sich in den Gängen herumdrückten.

Ein Feuerwehrmann kam mit Neuigkeiten und wies uns den Bus zur nächstgelegenen Notunterkunft. »Ach, so«, schob er noch nach. »Ich weiß, dass sich ein paar von Ihnen um Ihren Nachbarn, Herrn Eddie, Sorgen machten. Er ist bei uns und es geht ihm gut.« Wir atmeten alle erleichtert auf. Und plötzlich erschienen mir meine Erinnerungen an unsere netten Wortwechsel als meine kostbarsten Erinnerungen. Zum ersten Mal wurde mir bewusst, dass ich mein Leben hier liebte – das Leben, das ich mir nur für mich aufgebaut hatte.

An jenem Tag, als ich die Wohnung im Mount Pleasant zum ersten Mal gesehen hatte, hatte ich so ein gutes Gefühl gehabt. Die leere Wohnung war lichtdurchflutet und besaß liebenswerte Details wie die charmante kleine Tür, die zur Feuertreppe hinaus öffnete. Hier plante ich sofort meinen Kräutergarten und sah im Kopf bereits vor mir, wie ich im Sommer mit dem Laptop auf den Knien Videos schauen würde. Ich unterschrieb den Mietvertrag, ohne mir noch eine einzige weitere Wohnung anzuschauen. Die Wohnung wurde meine Zuflucht, meine kreative Oase – mein Lieblingsort. Und nun ging alles in Rauch auf.

Eine Woche später, das Wetter wurde bereits kühler, kehrte ich zurück, um meinen Mantel zu holen. An einem dicken orangefarbenen Kabel hing eine nackte Glühbirne im Eingang. Die Fliesen im Eingang standen immer noch unter Wasser. Die Wände waren schwarz und in den Fluren roch es giftig.

Ich drückte die Tür zu meiner Wohnung langsam auf und sah ein paar Männer, die in meiner Wohnung arbeiteten. Sie trugen Atemschutzmasken aus Papier und trampelten mit schmutzigen Stiefeln auf meinem Parkett herum, rissen rußverbrannte Poster von den Wänden und warfen sie auf einen großen Stapel in der Mitte meines Zimmers. Ich schaute genauer hin und entdeckte mein Kopfkissen, mein Bücherregal, meine Zeichenstifte, die pinkfarbene Valentinskarte von meiner Mama, die auf meinem Schreibtisch gestanden hatte – der Inhalt meines Lebens.

»Wer sind Sie?«, fragte mich einer der Arbeiter.

»Ich wohne hier? Ich wollte nur was holen?«, antwortete ich, fragend.

»Ah. Okay. Machen Sie einfach einen großen Schritt über den Kram.« Er zeigte auf den Stapel.

Der »Kram« waren all die Zeugnisse, die ich in den Wirren meines Lebens zwischen Dating-leid, Freundschaften auf die Ferne und Sorgen um den Job gesammelt hatte. Ich hatte zwar nicht wie viele Washingtoner die Karrierestufen erklommen, aber in diesem wundervollen Viertel hatte ich ein wenig Zuflucht gefunden. Und ich hatte eine wunderbare Beziehung zu diesem freundlichen, gut gekleideten alten Herrn, der im gleichen Gebäude lebte.

Zu Beginn meiner Zwanziger suchte ich extreme Schmerzen und Ekstase, die meine Tage-bucheinträge befeuerten und mir Grund gaben, in Dramen und trauriger Musik zu schwelgen. Bedeutung zu finden erwartete ich nur in diesen intensiven, expressiven Momenten. Doch das Feuer offenbarte mir die Schönheit in der Mitte, an den ganz alltäglichen Orten. Jetzt sehnte ich mich nach der Alltäglichkeit, den kleinen Metallschlüssel in den Bronzebriefkasten zu schieben und dabei Mr Eddie bei der Wettervorhersage zuzuhören. Denn diese Alltäglichkeit würde ich nie wieder als gegeben hinnehmen.

Die Mount-Pleasant-Show

Washington, D.C.

Jede Menge gute Wand-malereien

Unter dem Vordach dieses Fremden geweint

Ich liebe diese kleine Bar für ein Stelldichein im Kerzen-schein mit mir selbst (dann muss ich meine Calamari nicht teilen)

sehr ehrwürdige Washington National Cathedral

← meins

Haus, in dem ich wohne ♥

SCHUSTER

STOP

Meine Pendelei–

Auf der Brücke kann man gut den Wechsel der Jahreszeiten beobachten.

Bank für ernst-hafte Gespräche

BESTE WELT
SUPERMARKT
2¹⁹ 3⁶⁵ ⁵

Unser Marktplatz: Lebensmittelladen, wo die Nachbarn vor den Gewürzregalen ins Gespräch kommen

CoFFee

Blinder Barista, der mich an meinem Parfüm erkennt

Normalerweise trage ich bei allen Dates Schwarz.

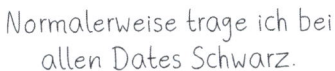

Kellerbar für erste Dates

SHERRY & SCHINKEN

hochspezialisierte Trendbar für 2. Dates

verrücktes japanisches Restaurant für 3. Dates

CAFÉ

Café, um einen Gang zurückzuschalten

Ein alter Mann und seine Frau trinken an einem warmen Abend auf ihrer Terrasse ein Glas Wein.

mysteriöse Garage voller Pflanzen

Nächtliche Straße:

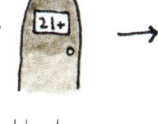

Jazzklub   21+   Undergrounddisco

bis 4 Uhr früh geöffnete Lounge

Reihenhäuser in DC sind in den Farben von Gummibärchen und Sonnenuntergang gestrichen.

Bester Ort, um einen Film allein zu sehen. Ich bringe gern Miniweinflaschen mit und teile sie mit anderen einsamen Seelen.

ein einstündiger Spaziergang und die beste Zeit des Tages

FBI Souvenirläden

Sandwichketten

CHiPS

So viele Krawatten!

Ich vergesse oft, dass das Weiße Haus hier ist und merke es erst, wenn ich wieder einen Schwarm Familien sehe, die Fotos machen.

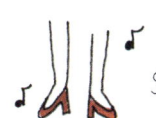

Salsa-Klub

THOR BERLIN

Mein Büro ist am anderen Ende der Stadt. Fühlt sich wie das andere Ende der Welt an.

VON DEM VORGEHEN, SICH EINE OASE ZU ERSCHAFFEN

Selbst wenn du Mitbewohner hast, die >Oase< ist dein.

Sie kann ein bequemer Sessel sein, der nur dein ist.

Sie ist sicher

Prüfe einmal im Monat den Feuermelder!

und bequem

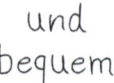

Mit einer kleinen Kerze kann man viel erreichen.

und gemütlich

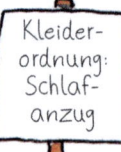

und die ganze Stadt

Sie kann die Nachbarschaft umfassen

PHASEN DES ERWACHSENWERDENS

PHASE 1

Wohnheimmöbel

PHASE 2: Was immer du bekommen kannst

geerbte Möbel   Sperrmüll-funde   Erster Einkauf im Secondhandladen

PHASE 3: bezahlbare DIY-Möbel

Das Schlimmste am Single-dasein: Tisch allein zu-sammen-schrauben

PHASE 4: Was dir eigentlich gefällt

  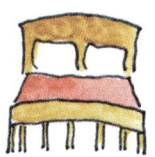 

brandneue weiche Couch (in »zartem Grün«)   coole Antiquität   Bett aus dem Möbelhaus   Sonder-anfertigung (wow)

DINGE, DIE ICH BEI EINEM BRAND RETTEN WÜRDE

Bräunungspuder,
das es nur in diesem
Vorort-Laden gibt

die letzten Tropfen
des Lieblingsparfüms
(1000 € pro Tropfen,
grob geschätzt)

einziger Ausweis
mit passablem
Foto

teures Gewürz,
das ich für ein
einziges Rezept
gekauft habe

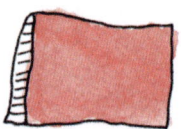

Kissen mit perfekt
weich-harter Kombi

Pflanze, die ich über
ein Jahr am Leben
halten konnte
(Wunderpflanze)

wichtige
Haftnotiz

Gerät für
Textnachrichten

Schmuck mit
eigener
Geschichte

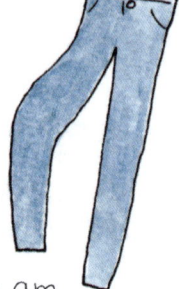

die am
schmeichelhaftesten
sitzende Jeans

Avocado,
>gerade richtig<
reif

WANN SICH EINE NEUE STADT WIE ZU HAUSE ANFÜHLT

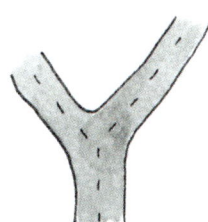

Wenn man das erste Mal, ohne nachzudenken, richtig abbiegt

Wenn der Barista einen in der Schlange entdeckt und einem wissend zunickt

Wenn man, ohne zu überlegen, seine Adresse aufschreiben kann

nett

nett

Wenn Weggehen genauso nett ist wie in der Wohnung bleiben, weil beides zu Hause ist

Wenn man von einer Reise zurückkehrt und man erleichtert ist

Wenn man >seinen Platz< gefunden hat

Kapitel 3

BESTIMMUNG FINDEN

WÄHLE EINES AUS:

☐ Sie sprach viel darüber, was sie gern tun wollte.

☐ Sie verbrachte viel Zeit damit, die Instagram-Accounts von anderen anzugucken.

☐ Sie hatte Spaß.

☐ Sie erforschte jede Menge.

☐ Sie hatte Angst, etwas anzufangen.

☐ Sie verbrachte fünf Jahrzehnte damit, sich mit anderen zu vergleichen.

KREUZBERG, BERLIN

Flohmarkt

GRAFFITI

klasse Park

der ultimative
Blumenladen

köstliches
Geheimnis

HALLO!

Franks
Wohnung

türkischer Markt

BERLINER MAUER

Ändere
dein Leben

Berlin

Die Tilda Swinton der Städte

OKTOBER IN BERLIN

An jenem Nachmittag, als ich in Berlin ankam, hatte es gerade aufgehört zu regnen. Ursprünglich sollte ich am Morgen landen, doch der Flug wurde aus irgendwelchen Gründen verschoben. Eine Taxifahrt durch die Stadt war die letzte Etappe meiner Reise und an jenem stillen Nachmittag waren die Straßen alle in ein Tintengrau getaucht, das mich sehr an meine Heimatstadt Seattle erinnerte: verkopft und düster. Die Stadt war genau so, wie ich sie mir vorgestellt hatte.

———

Als Teenager hatte ich null Interesse daran, nach Berlin zu gehen. Doch dann (und das ist wirklich genau so passiert!) trug ich eines Tages im Frühling einen glitzernden Rock, einen Pulli mit Pünktchen und einen Fransenschal – und eine alte Dame sprach mich auf der Straße an und sagte: »Du hast Stil! Du siehst aus, als ob du nach Ostberlin gehörst.« Also sparte ich, damit ich in diesem Oktober nach Berlin fahren konnte, denn ich stellte mir vor, dass diese Stadt im Herbst leuchtend von Farben und Melodramatik sei. Ich stellte mir Berlin dunkel, mürrisch und elegant vor – die Tilda Swinton der Städte – und nahm an, dass Oktober ihre theatralischen Qualitäten unterstreichen würde.

Ich wohnte in Kreuzberg, einem Viertel, das in den 80er-Jahren cool gewesen und nun auf eine rückwärtsgewandte Art auch wieder angesagt war, ganz so wie Jeans mit geknöpftem Hosenschlitz.

Kreuzberg war eine glitzernde Mischung aus Baklava-Bäckereien, Skateboardläden und verrauchten Nachtklubs. Die wildesten Partys starteten durch, wenn andere Menschen bereits wieder aufstehen mussten, und endeten oft erst am Nachmittag, wenn Kids, die gerade erst Grunge für sich entdeckt hatten, auf die Bürgersteige stolperten und sich mit den türkischen Einwanderern mischten, die Kreuzberg bereits in den 60er-Jahren zu ihrer Heimat gemacht hatten.

Auf meinen Reisen versuche ich mir immer schnell eine Routine zurechtzulegen. Während ich zu Hause gerne Dinge durcheinanderbringe, herumwirbele und neu erkunde, um wenigstens ein bisschen fremd in der von mir gewählten Stadt zu bleiben, beeile ich mich in der Fremde dazuzugehören. Sofort erkläre ich ein Café, eine Bar, einen Weg zu meiner Heimat. Am Ende der ersten Woche rede ich schon ganz nebenbei von meinem Barista, meiner U-Bahn-Linie – und ich meine das auch so. Fühlt sich ein Tag in einem fremden Land angenehm an, vielleicht sogar ein wenig langweilig, fange ich an, es mir in meiner geliebten Mitte bequem einzurichten. Denn hier kann ich die Schönheit in den Feinheiten der jeweiligen Stadt entdecken. Innerhalb einer Woche kenne ich meine Nachbarn und weiß, wie das Licht um vier Uhr nachmittags auf die Fliesen in meiner Küche fällt.

Aber dann, und das ist wirklich
so passiert ...

Ich mag deine Klamotten, Mädel. Du gehörst echt nach Berlin!

Alte Dame an
der Bushaltestelle

... und ich dachte mir, okay, na dann.

FRENK

Mag: Stadtpläne
sammeln, in Klubs
tanzen (jedoch nur
bis 3 Uhr morgens),
kleine Keramikteller,
große Zimmerpflanzen,
gemütliches Landleben

Mag nicht: die Pflege
seines Goldfisches,
Nazis

Wie viele andere Menschen hielt auch ich vor meiner Reise Deutsch für eine unfreundliche, harsche Sprache. Bisher kannte ich sie nämlich nur aus Filmen mit Nazis, die wild herumschrien. Freundlich gesprochen, zum Beispiel weil man Baklava bestellen oder den Weg zum Soul & Funk Record Store beschreiben wollte, klingt sie so romantisch wie laut vorgetragene Gedichte. Berlin ist eher ein starker, stiller Typ. Die Stadt und ich, wir machten uns durch eine Reihe von Nicken, Lächeln und freundlichen Blicken bekannt. Wenn ich allein an einem neuen Ort bin, lerne ich neue Seiten an mir kennen.

Die meisten der Touristenattraktionen ließ ich zugunsten langer Spaziergänge aus. Doch das Holocaust-Denkmal wollte ich unbedingt sehen, also besuchte ich sie an meinem zweiten Tag. Es war ein perfekter Herbstnachmittag: Das Licht war golden und die sich abzeichnenden Schatten wirkten grünlich.

Das Denkmal ist ein großes Feld mit mehr als 3000 sargähnlichen Betonblöcken. Wenn man zwischen den Blöcken hindurchschreitet, kommen sie einem immer größer vor und erzeugen ein beklemmendes Gefühl. Selbst an diesem wunderschönen Nachmittag vermittelten sie das Gefühl, als würde man in die Nacht hineinschreiten. Das zunächst romantische Licht kippte ins Unheimliche. Und irgendwann verlor man das Licht komplett.

Und dann kommt man auf der anderen Seite heraus. Man stellt erleichtert fest, dass es immer noch der gleiche Nachmittag wie zuvor ist. Auf den niedrigeren Blöcken sitzen Schulkinder, sie knabbern Bretzeln und schreiben Nachrichten.

Völlig entwaffnet von der Schönheit dieses Tages, saß ich ziemlich lange am Rand dieses Denkmals. Das kaleidoskopartige Licht ließ die Bäume in der Umgebung in der Farbe reifer Süßkartoffeln erstrahlen. Durchgewärmt von meinem Bier zum Mittagessen und der sinkenden Sonne, freute ich mich an diesem Tag meines Lebens. Ich war glücklich, dass ich diesen Tag erleben durfte.

Dabei war es unmöglich, nicht an die Holocaust-Opfer und ihre Leben zu denken. Ich dachte an die Dinge, die sie zuvor erlebt haben mussten. Als sie jung waren, müssen sie zur Schule gegangen und sich im Geografieunterricht auf dünnem Papier Notizen gemacht haben. Sicher haben sie ab und zu aus dem Fenster geschaut und an Abenteuer, Gott, ihre ersten Küsse und daran, wie ihr Gesicht wohl aussehen würde, wenn sie alt sind, gedacht.

Ein paar Jahre später saßen sie vielleicht mit jemandem, den sie sehr mochten, ganz hinten im Kino in den roten Samtsesseln und hatten das Gefühl, ihre Nervenenden würden zu Sternenstaub explodieren, wenn sie mit dieser Person Händchen hielten.

Während des Tages:
warme Bretzeln mit knusprigen
Seesalzkrümeln

scharfe Currywurst

milde Käsewürfel

ein Stückchen Himbeerkuchen

(vernünftige
Portion)

Am Nachmittag: Kaffee

Am Abend:  Wein

Kaffee,
bitte

Rotwein,
bitte

(die wich-
tigsten
Sätze auf
Deutsch)

Sie fragten sich vielleicht, ob sie wohl später etwas leisten oder ob sie jemals etwas erreichen würden.

Da dämmerte mir zum ersten Mal, dass ich nicht unsterblich bin. Und zum ersten Mal wurde mir klar, wie sehr ich mein Leben genoss. Nicht wegen irgendwelcher Triumphe oder Trophäen, sondern weil ich auf Fahrstuhlknöpfe drücken konnte, weil ich ein Sweatshirt anziehen und am Weihnachtsmorgen Pfannkuchen machen konnte, weil ich in überfüllten U-Bahnen einen Platz finden und lesen konnte, weil ich flüstern konnte, ohne dass es einen Grund dafür gab, und weil ich eine Katze dabei beobachten konnte, wie sie sich mit ihren Pfoten hinter dem Ohr putzte.

Mit Anfang 20 war ich darauf fixiert, meine Bestimmung zu finden, als sei dies ein vergrabener Schatz, der nur auf mich wartete, wenn ich den Hinweisen folgen und am richtigen Ort danach graben würde. Ich schaute mich um und sah Menschen meines Alters, die ihre Bestimmung offensichtlich gefunden hatten, und versuchte ihre Schatzkarten zu studieren: Würde ich sie am Gymnasium finden? In einem 9-to-5-Job? In einer anderen Stadt? Ich dachte, sobald ich beruflich durchstarten würde, würde alles Sinn ergeben. Ich hätte meine Bestimmung.

Meine Füße baumelten über einem Betonblock und vor mir schaukelten Blätter im Wind. Welcher Art von Glück und Erfüllung jagte ich eigentlich hinterher, die ich nicht auch in diesem Moment hatte? In diesem Augenblick schien mir meine Bestimmung nicht ganz so schwer zu fassen. Am meisten liebte ich an meinem Leben, etwas zu erleben, nicht etwas zu erreichen.

Die wichtigsten Erfahrungen aus meinen Zwanzigern sind die handgeschriebenen Briefe, die in meinem Briefkasten aus Bronze landeten, die Küsse auf einem Bürgersteig im East Village, dass meine Nächte freitags immer dann begannen, wenn ich sonst ins Bett ging, ein spätes Sektfrühstück mit Mama an jenen wunderbar faulen Samstagen, mitten in Washington, D. C. ein Haus zu finden, das in der Farbe einer Wassermelone gestrichen war – und das ausgerechnet an einem Abend, der sonst eher melancholisch war.

Das sind meine Errungenschaften.

Ich beschloss, dass die Inschrift auf meinem Grabstein: »Hier liegt Mari. Sie hatte Spaß«, eine unglaublich glückliche Errungenschaft wäre. Von jetzt an wäre die Art, wie ich lebe, meine Lebensaufgabe.

Mein letzter Tag in Berlin hätte hektisch ausfallen können, wenn ich alles auf der »Sollte ich tun«-Liste vor dem Verlassen der Stadt noch in meinen Ablauf gequetscht hätte. Doch stattdessen ging ich es langsam an, bummelte durch eine Gegend, die ich schon am Tag zuvor erkundet hatte. Dieses Mal betrat ich jeden Laden, an dem mein Blick hängen blieb, und für meine Waffel nahm ich mir alle Zeit der Welt. Ich verzichtete auf die Eroberung eines weiteren Museums und entdeckte stattdessen einen wahren Schatz an lokaler Kunst in einem Laden für Künstlerbedarf. Hier war alles handgemacht und aus Berlin, sogar die Radiergummis. Bis in den Nachmittag

Ottilie

Ein schickes, berühmtes Exemplar

hinein schwatzte ich mit der Illustratorin, der der Laden gehörte und deren Zeichnungen die Wände verzierten.

»Bist du Künstlerin?«, fragte sie mich. Ich war ein bisschen peinlich berührt, ganz so als ob sie mich nach meiner offiziellen Künstlerlizenz gefragt hatte, bevor sie mir etwas verkaufen würde. »Überhaupt nicht«, lachte ich. »Ich meine, ich kritzle manchmal ein bisschen vor mich hin und ich mag Stifte.«

Sie erzählte mir, dass sie ungefähr in meinem Alter mit dem Zeichnen angefangen hatte, einfach aus Spaß; sie hatte keine Kunstakademie besucht. Sie fing mit dem Zeichnen nicht aus irgendwelchen Karriereüberlegungen heraus an. Ich erzählte ihr, wie radikal mir dies vorkam; zu diesem Zeitpunkt beherrschte mich das Gefühl, dass ein neues Hobby ohne klare Verankerung im Lebenslauf, der auf meine Bestimmung hindeuten würde, nicht infrage kam.

»Als ich den Stift aufs Papier gesetzt habe, habe ich gar nicht daran gedacht, dass das mein Job werden könnte«, entgegnete sie. »Ich bin nicht mal besonders gut. Aber es macht mir einfach Spaß.« Sie sprach über Kunst, als ob sie mit ihrer Freundin über ein Schaumbad reden würde. Sie zeichnete nicht für einen Ritterschlag, sondern einfach aus Freude daran, einen neuen Pinsel in die Farbe Fuchsia zu dippen.

Vielleicht probier ich es ja eines Tages auch mal mit Kunst, dachte ich.

An meinem letzten Abend hatte ich noch genau vier Euro übrig und die gab ich für einen Espresso in einem französischen Restaurant aus. Die Menschen strömten aus dem Regen herein und bald bevölkerten alle möglichen Typen die Barhocker. Ich beobachtete, wie ein älterer Mann mit einem blauen Kugelschreiber in einer zerknitterten Zeitung das Kreuzworträtsel ausfüllte, sein schwarzer Filzhut bedeckte seine grauen, raupenähnlichen Augenbrauen. Während er immer wieder aus seiner Tasse, die bis zum Rand mit Schlagsahne gefüllt war, trank, wirkte er gelassen und zufrieden mit seinem Leben, wie er da so an der Bar saß. Ich zog mein Skizzenbuch aus der Tasche und hoffte, genauso auszusehen.

Hier ruht MARI.

Sie hatte Spaß.

MENSCHEN, DIE ZU BEWUNDERN SICH LOHNT

Stilvolle alte Dame, die
ihr eigenes Ding macht
und dabei Spaß hat

Eine Freundin, bei der du dich
nie wegen deiner Entscheidungen schlecht fühlst, denn sie ist
zufrieden mit ihren.

Fiktionale Figur, die
immer das Richtige tut

Frauen, die sich eine
mutige Frisur und eine kesse
Lippe trauen

Kinder, die sich
aufs Leben freuen

FRAGEN, DIE MAN STELLEN SOLLTE

MÖGLICHE ERKLÄRUNGEN

Wie wurde sie so?

Sie hat es allein mit der Welt aufgenommen.

Woher hat sie dieses Selbstvertrauen?

Sie hat sich allen Risiken gestellt.

Wie wird man jemand, die/der immer das Richtige tut?

Üben

Was ist ihre Geschichte?

Sie nahm sich Zeit, sich selbst kennenzulernen. Sie weiß, dass Pflaumenblau ihr steht.

Wie kann ich mehr wie sie sein?

TIPPS FÜR EINZELREISENDE

1. Bitte Teenager, dich zu fotografieren – sie kennen die besten Blickwinkel!

2. Frage einen alten Mann nach dem Weg – er kennt die Stadt!

Er hat die Landkarte im Kopf.

3. Freunde dich mit Einheimischen an, die sich nicht an deinen Sprachkenntnissen stören.

Wuff!

4. Erfüll dir den Traum von der »Käseplatte solo«.

5. Hab eine stürmische Liebesgeschichte (mit dir selbst).

6. Lausche, wie andere um die Rechnung bitten.

7. Kauf dir etwas Besonderes, dass dich an
diese besondere Zeit in deinem Leben erinnert.

 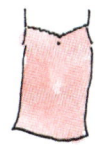  

8. Freunde dich mit den Leuten am Nachbartisch an.

9. Verknall dich in den
Barkeeper (in echt oder
deiner Fantasie).

10. Es wird immer sowohl heitere als auch einsame
Momente geben. Poste
die heiteren.

REISEN
ERWARTUNGEN versus REALITÄT

Der Typ, der dich im Zug so süß anlächelt, ist dein Seelengefährte Gustavo. Euer einziger Streit ist darüber, welche Sprache eure Kinder sprechen.

Im Zug sitzt Bob neben dir, ein britischer Rentner. Er hat viel zum Thema Kapitalismus zu sagen.

In diese Küche wirst du dich verlieben, du genießt extravagante Abendessen voller köstlicher Überraschungen für deinen Gaumen.

Du verliebst dich in den Falafel-Mann, der Einzige, der vor 22 Uhr schon was zu essen anbietet.

Du wirst einen spirituellen Durchbruch an einem wunderschönen historischen Ort erleben und dich mit der ganzen Menschheit »eins« fühlen.

Während du darauf wartest, dass die Touristenhorden vom historischen Ort verschwinden, kackt dir ein Vogel auf den Kopf. Der Wachmann sieht es und ihr lacht beide, denn die Sprache der Demütigung ist universal.

DINGE, DIE ICH DEFINITIV NICHT HÄTTE EINPACKEN MÜSSEN

riesige Kamera:
Handy reicht

das »Nur für den Fall«-
Kleid

Laufschuhe: Ha!

Schal: das Allerbeste, was
man sich im Urlaub
gönnen kann

dicker
russischer
Roman

Buch, das ich vor
5 Jahren gekauft
habe: Jetzt werde
ich es auch nicht
lesen.

Hübsche, leichte Jacke:
Wann ist es schon mal
genau 20 Grad?

SICH AN EINEM FREMDEN ORT ZURECHTFINDEN

GERÜCHE, AN DIE DU DICH IMMER ERINNERN WIRST:

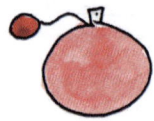

ein fremdes
Gebäck

ein neues
Meer

die elegante Dame
auf der Rolltreppe,
deren Parfum (oder
war es das Shampoo)
du nie kennen wirst

ein Zimmer, das sich
innerhalb von
2 Tagen wie zu
Hause anfühlen
wird

POTENZIELLE LIEBESKANDIDATEN:

vermutlich ein
Poet

Barista, der den
Sinn des Lebens
kennt

das wunderschöne
Hippie-Mädchen, das
dich deine gesamte
Garderobe überdenken
lässt

der geheimnisvolle
Fremde im Klub

VERLUSTE, DIE WEHTUN:

Koffer

Worte

Orientierungssinn

Herz

MOMENTE, DIE DICH FORMEN:

einen Freund
finden

Liebe
finden

Vergnügen
finden

ein Zuhause
finden

SICH ALS JUNGE ERWACHSENE ZURECHTFINDEN

GERÜCHE, AN DIE DU DICH IMMER ERINNERN WIRST:

das Deo deiner ersten Liebe

Buch, das du immer wieder gelesen hast

Bar im Keller

Teppich im Flur deiner ersten Wohnung

POTENZIELLE LIEBESKANDIDATEN:

Kollege

bester Freund (könnte es was werden?)

der Onlinetyp (Jeff?)

der Typ, mit dem ich mich manchmal über Twitter austausche

VERLUSTE, DIE EINE HERAUSFORDERUNG SIND:

Schlüssel

Job

bestimmte Träume

Kindheit

MOMENTE, DIE DICH PRÄGEN:

eine Freundin finden

Liebe finden

Vergnügen finden

ein Zuhause finden

ALLEINE ZU REISEN IST EIN BISSCHEN, WIE NOCH MAL 20 SEIN:

Zimmer-service?

Du hast klare Vorstellungen, wie es aussehen sollte.
Meist sieht es anders aus.

Hier kommen deine Kreativität und dein Mut ins Spiel.

Kreativität + Mut

= unerwartete Möglichkeiten
überraschende Freundschaften
unvergessliche Abenteuer

Reist du alleine, erschaffst >du< dir dein Abenteuer. Beim Erwachsenwerden erschaffst du dein >Lebens<-Abenteuer.

DER LANGE WEG, DIE
»EIGENE BESTIMMUNG«
ZU FINDEN

Halte nach Zeichen
Ausschau:

Höre auf Ratschläge:

inspirierende
Zitate auf
Instagram, die
plötzlich tief-
gründig klingen

dein Horoskop
(ignoriere
ungünstige)

ein Vogel
(offen für Inter-
pretationen)

alte Dame an
der Bushaltestelle,
mit einem gelebten
Leben

deine kluge
Bekannte

Moderatorin
mit der weichen
Stimme

Triff eine Entscheidung, um
exakt diese 2 Menschen zu
beeindrucken:

Probiere eine Million Jobs aus:

dein 85 Jahre
altes Ich

dein 5 Jahre
altes Ich

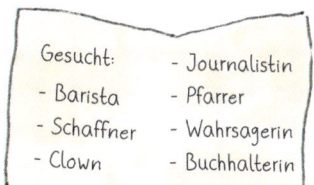

Gesucht:
- Barista
- Schaffner
- Clown
- Journalistin
- Pfarrer
- Wahrsagerin
- Buchhalterin

Klar
doch!

Kapitel 4

LIEBE UND DATEN

Angst vorm Verlassen-werden

Gedanken an Kinder

peinliche Allergie

dysfunk-tionale Familie

GEWINNER

Rezepte

ungewöhn-liche Morgen-rituale

eigenartige Phobien

Wie ich beim Essen aussehe

>frei< 1. Date charmante Plauderei

START

DATE #1   DATE #2   DATE #3   DATE #4

67

SINGLEDASEIN

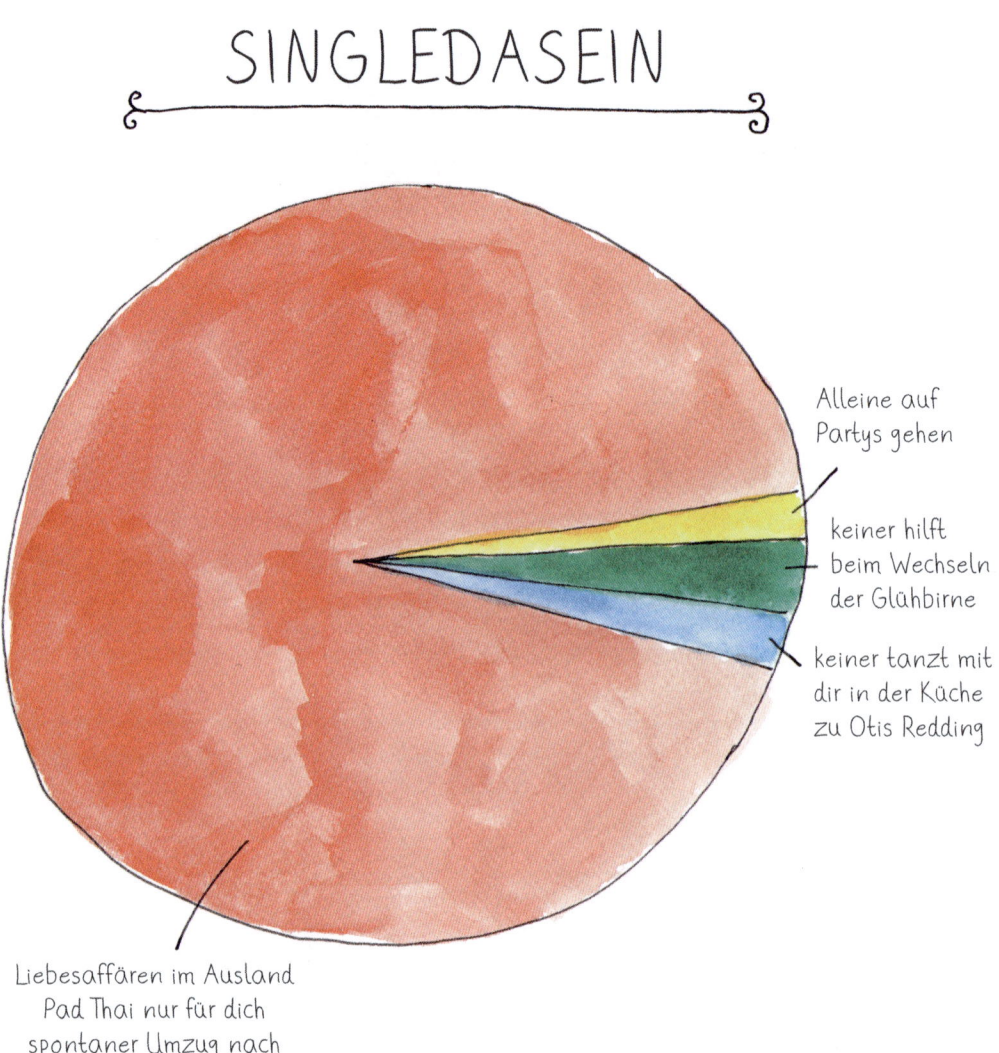

Alleine auf
Partys gehen

keiner hilft
beim Wechseln
der Glühbirne

keiner tanzt mit
dir in der Küche
zu Otis Redding

Liebesaffären im Ausland
Pad Thai nur für dich
spontaner Umzug nach
Spanien

Ich wünschte, alle Dates wären so
einfach wie die mit >Freundinnen<

Die einzigen Sorgen sind:
Ist eine Umarmung okay?
Gefällt ihr mein Outfit?

Du musst dir keine Gedanken
machen, zu >eifrig< zu scheinen:

ABSTURZ

In den zwei Monaten, bevor ich Washington, D.C. in Richtung Lissabon, Portugal, verließ, hatte ich mich zurückgezogen. Ich lieferte zwar eine ziemlich gute Show und behielt vordergründig während meiner Trauer und meines Herzschmerzes den Kopf oben. Das bedeutete aber auch, dass ich meist allein blieb. Mein Urlaub hätte romantisch werden sollen, doch er wurde zum Solotrip, denn mein Freund, Alejandro, und ich hatten uns einen Monat zuvor getrennt. An jenem Morgen, als ich in Lissabon ankam, sehnte ich mich nach dem Gegenteil von Isolation; ich war bereit für das lebendigste aller Leben und ich war absolut bereit, mein Singleleben in vollen Zügen anzunehmen.

In meiner letzten Nacht erfüllte ich mir meinen lang gehegten Traum und verliebte mich in einen spanischen Gitarristen. Vor dem letzten Lied in seinem Set, »The Girl from Ipanema«, das er in einer betörenden Schleife vor sich hinzupfte, fragte er nach meinem Namen. Alle in diesem Restaurant, die wie ich im Hof unter den gestreiften Sonnenschirmen saßen, waren dem Zauber des brasilianischen Magiers mit dem Engelshaar eines da Vinci und den buschigen Augenbrauen erlegen.

Er spielte im Schatten der Palmen auf einem der Plätze im Bezirk Alfama, wo korallenrotes Leinen flatterte und den Duft von Seesalz aufnahm. Meine Augen konnten sich an den Farbnuancen nicht sattsehen. Unzählige Male hatte ich mich in dem verschlungenen Kopfsteinpflasterlabyrinth verlaufen, nur um neue Muster der kultigen Fliesen zu entdecken, knallbunte Fahnen, die von Fenster zu Fenster gespannt waren, und Tische, die sich unter Weinflaschen bogen, zum geselligen Klang der Zh-Sh-Ch-Töne des Portugiesischen.

An diesem Abend war ich auf meinem Weg in das von Nachtleben vibrierende Viertel Bairro Alto. Ich fand es angemessen, meine hier verbrachte Woche dort zu beenden, denn ich hatte endlich meinen Jetlag überwunden und mir gemerkt, wie man Bier auf Portugiesisch bestellt.

Doch spanischen Gitarrenklängen konnte ich noch nie widerstehen, was in der Vergangenheit schon zu zahllosen romantischen Pleiten geführt hatte. Der Gitarrist spielte ein vertrautes Lied, als ich auf meinem Weg aus dem Stadtviertel heraus an ihm vorbeikam. Also hielt ich inne und lauschte für eine Minute.

Aus der Minute wurden zwei Stunden mit Tintenfischen und dem Wechsel von Weißwein zu Rotwein mit zunehmender Dämmerung. Ich machte mir Notizen und plauderte mit den Fotografen am Nachbartisch. Doch der Gitarrist, dessen Leidenschaft jede einzelne Note unterstrich, hielt mich im Bann. Als der Abend langsam zur Nacht wurde, wusste ich, dass ich es nicht mehr ins Bairro Alto schaffen würde.

Ich habe die Sternchen in den Augen der Hochschulmädchen, Kellnerinnen und mittelalten Touristinnen funkeln sehen. Als der Gitarrist meinen Blick auffing, mir in die Augen blickte und mich über alle Tische hinweg fragte, ob ich nach seinem Auftritt mit ihm ausgehen würde, errötete ich. Alle drehten sich zu mir um und sahen mich an. Ich stotterte: »Aber gerne doch.«

»Hat etwa Woody Allen das Drehbuch für diesen Urlaub geschrieben?«, fragte mich eine Freundin, als ich ihr von diesem Moment erzählte.

Als er fertig war, liefen wir eine der geheimen Gassen Alfamas entlang, um seine Freunde für eine Jamsession in den Hinterzimmern einer Bar zu treffen. Mehr Nirvana, weniger João Gilberto. Sie tauschten die Trommel, die Gitarre und die Triangel. Bohemiens aus Japan und England gesellten sich dazu. Wir sprachen eine Mischung aus Französisch, Spanisch und Englisch.

»Ich fliege morgen früh zurück in die Staaten, also kann ich nicht länger bleiben.« Später, als ich mit meinem dünnen Schlüssel an meiner Wohnungstür herumfingerte, während die ersten Sonnenstrahlen die blau-weißen Porzellanfliesen an meinem Gebäude streichelten, musste ich über diese Aussage lachen.

Während der Woche, die ich hier verbracht hatte, habe ich mich mehrfach gefragt, wie ein Ort so schön sein kann. Er nährte so viel Leben, vom Pfauenschwarm, den Töpfen voll Hibiskus, der Gardenienwildnis bis hin zu den legendären Schwalben. Passiert hier jemals etwas Schlimmes? Ich fragte mich das ernsthaft, nicht aus Ressentiment, sondern eher aus ehrlicher Verwunderung.

Doch natürlich geschahen auch hier schlimme Dinge. Das Land wird von einer zutiefst kummervollen, oftmals hässlichen Vergangenheit verfolgt, die durch die Zeit der Kreuzfahrer, des Kolonialismus, einer Diktatur und plötzlicher Armut gekennzeichnet ist. Während man glücklich sein Pistazieneis schleckt, hört man die düsteren Fado-Melodien; ein gesamtes Musikgenre widmet sich der portugiesischen Version von Herzschmerz und Heimweh. Blühende Bäume wachsen neben uralten Gefängnismauern. Schönheit verwebt sich mit Schmerz.

An der Gitarre:
Teppe aus Japan

Am Tambourin:
Sérgio aus
Brasilien

An den Trommeln:
Kai aus
Argentinien

Gesang:
Nina aus England

Als ich mich in dieser letzten Nacht von meinen neuen Freunden verabschiedete, war mein Herz gleichermaßen voll und gebrochen. Der Gitarrist identifizierte das Gefühl sofort: saudade. Ah, ja, das Nationalwort der Portugiesen.

Man sagt, dass es saudade nur im Portugiesischen gebe, und dass es unmöglich auf Englisch (oder Deutsch) zu umschreiben sei. Nostalgie kommt ihm ziemlich nahe, aber saudade ist komplizierter. Es ist der Überrest von Dankbarkeit und Glück, dass etwas geschehen ist, bei gleichzeitiger Traurigkeit, dass es vorbei ist und nie wieder in dieser Form geschehen wird. Es verbindet sich mit dem Gefühl von glücklicher Wehmut, ergreifender Melancholie, Vorausahnung und Hoffnungslosigkeit. Es wird universell auch jenseits des Ozeans als ein ständiges Gefühl der Abwesenheit verstanden, ein Verlangen nach der Rückkehr von etwas Vergangenem.

Jeden Tag bei Sonnenuntergang sehnte ich mich nach der Romanze mit Alejandro, den ich schmerzhaft vermisste. Ich behielt eine abstrakte, unvollständige Version von ihm in Erinnerung: sein Lächeln, sein Lachen, die eine verbliebene Sprachnachricht auf meinem Handy. Sein Geist begleitete mich hinein ins Panorama aus gebrannten Dachziegeln, die sich langsam abkühlten, während die Sonne ihre letzte Verbeugung an diesem Tag hinlegte. Dann kam eine sanfte Brise auf und fegte seinen Geist mit hinfort, während ich mich an einem Zweiertisch mit einem leeren Stuhl wiederfand.

Doch zu jeder anderen Tageszeit, außer zum Sonnenuntergang, erkannte ich, um wie vieles glücklicher ich als Single war. Ich hatte alle Freiheit der Welt. Ich sinnierte darüber, wie diese Freiheit sowohl meinen spontanen Launen als auch meinen langfristigen Wünschen entgegenkam, und fragte mich wie schon den ganzen Tag, ob ich überhaupt für langfristige Beziehungen gemacht sei. Ich verbrachte gern Zeit alleine, ich reiste gern allein, ich liebe die Möglichkeit, mich jederzeit romantisch mit einer neuen wunderschönen Seele einlassen zu können. Wie enttäuscht wäre ich gewesen, hätte ich beispielsweise den spanischen Gitarristen abweisen müssen.

Ich konnte gar nicht glauben, wie verschieden meine Nacht mit ihm im Vergleich zu den mittelmäßig bis schrecklichen Dates, die ich noch vor Kurzem in Washington gehabt hatte, gewesen war. Die Sanftheit des Gitarristen war entwaffnend und er war so präsent – er hat nicht einmal auf sein Handy geschaut. Im Grunde bin ich mir nicht einmal sicher, ob er ein Telefon hatte.

Der Gitarrist und ich traten in die stille Allee, um frische Luft zu schnappen, unsere Schritte hallten auf den Steinen wider. Im Schein der Straßenlaterne fanden wir einen lauschigen Ort, wo wir uns flüsternd unterhielten – im Torbogen einer weiß gewaschenen Kapelle aus dem 13. Jahrhundert.

Er fragte mich, ob ich Gitarre spielen würde. Lachend antwortete ich: »Mein Vater ist Gitarrist, aber ich habe keinerlei Begabung dafür.« Sofort fiel mir mein Gebrauch des Präsens auf, doch ich beließ es dabei. Der Tod meines Vaters war der letzte Ort, an den ich gedanklich gehen wollte, also nutzte ich mein magisches Denken und mein schlechtes Spanisch – unsere gemeinsame Sprache –, um so zu tun, als wäre es nicht geschehen.

Ich machte diese Reise zu meiner eigenen. Ich hatte nur meine Lieblingsklamotten eingepackt. Sie sollten mir helfen, auf dieser Reise jene Person zu sein, die ich gern sein wollte; also konnte ich an diesem besonderen Abend auch nur die liebenswürdigsten Teile meines Lebens zu jener Person, die ich gern sein wollte, mitbringen.

Wenn ich ein gutes Date habe, verbünden sich alle Details der Umgebung, um meine Liebenswürdigkeit zu unterstreichen. Der Kellner lacht über meine Witze und der Träger meines Kleides rutscht einfach perfekt über eine Schulter. Im Gegensatz dazu fühle ich mich bei einem schlechten Date absolut fad. Es ist schwer zu glänzen, wenn der Kerl gegenüber gähnt und es darauf schiebt, dass er nicht genug Schlaf bekommen habe. Viele Paare haben in den vergangenen Jahren mir gegenüber geseufzt, nachdem sie die Geschichten von schlechten Dates gehört hatten: »Dating hört sich echt hart an. Mir fehlt es überhaupt nicht.«

Und oft muss ich zustimmen – es kann hart sein. Aber ein gutes Date macht all die unbeantworteten Textnachrichten und das vorfreudige Zittern wieder wett. Es ist wie die Hauptrolle in einem Stück, wo man die beste Version seiner selbst spielen kann und man bereits ahnt, dass der Schlusssatz der letzten Szene lauten wird: »Ich würde dich gern wiedersehen.«

Obwohl ich mir ziemlich sicher war, dass ich diesen Mann nicht wieder treffen würde, entschied ich mich, dass dieser Abend als richtiges Date zählen würde – das beste Date meiner 20er-Jahre. Als er mich fragte, was ich täte, überraschte ich mich selbst mit der Antwort: »Ich bin Schriftstellerin und Künstlerin.« Diese zwei Worte hatte ich nie zuvor wirklich für mich beansprucht.

»Klar bist du das«, antwortete er. »Das hätte ich mir ja denken können.«

Und es fühlte sich nicht wie eine Lüge an; es fühlte sich wahrhaftiger als die Fakten an. Das ist der Pluspunkt eines guten Dates: Man findet Dinge, die man an sich selbst liebt, heraus, wenn man jemand anderem gefallen möchte. Verliebt man sich in jemanden, dann verliebt man sich gleichzeitig immer auch ein bisschen in sich selbst.

LISSABON, PORTUGAL

Verknalltheit um Mitternacht: Typ, der um 2 Uhr morgens Pizza verkauft

Schwarm am Abend: Barkeeper, dem ich beibrachte, wie man einen Negroni mixt

Schwarm im Park: elegant gekleideter Herr, der Stöckchen für seinen Hund warf

Schwarm auf dem Bürgersteig: Straßenbahnfahrer

Schwärmerei am Strand: Handtuchverkäufer

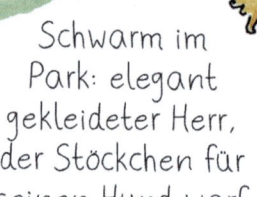

Schwarm am Morgen: über und über mit Krümeln bedeckter Bäcker

Schwarm auf der Promenade: Eisstandbesitzer

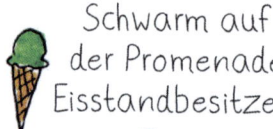

LISSABON

Schwarm am Flughafen: die gesamte deutsche Fußballmannschaft an meinem Gate

Schlossschwarm: Wachmann, der sich mit dem Pfau unterhielt

Museums-schwarm: schneidiges Porträt eines portugiesi-schen Adligen

Sonnenuntergangs-Schwarm: Gitarrist

MODERNE ROMANZE

DIE ATTRAKTIVSTEN
ACCESSOIRES EINES MANNES

Gitarre: sensibel und geschickt mit seinen Händen

Gerahmte Kunstwerke: Zeichen des Erwachsenseins

Vase: erwartet Schönheit

Tagebuch: ichbewusst

Laufschuhe: schöne Waden vermutlich

Wok: Die Zukunft bringt Nudeln!

SORGEN BEIM DATEN

MIT 20 JAHREN:

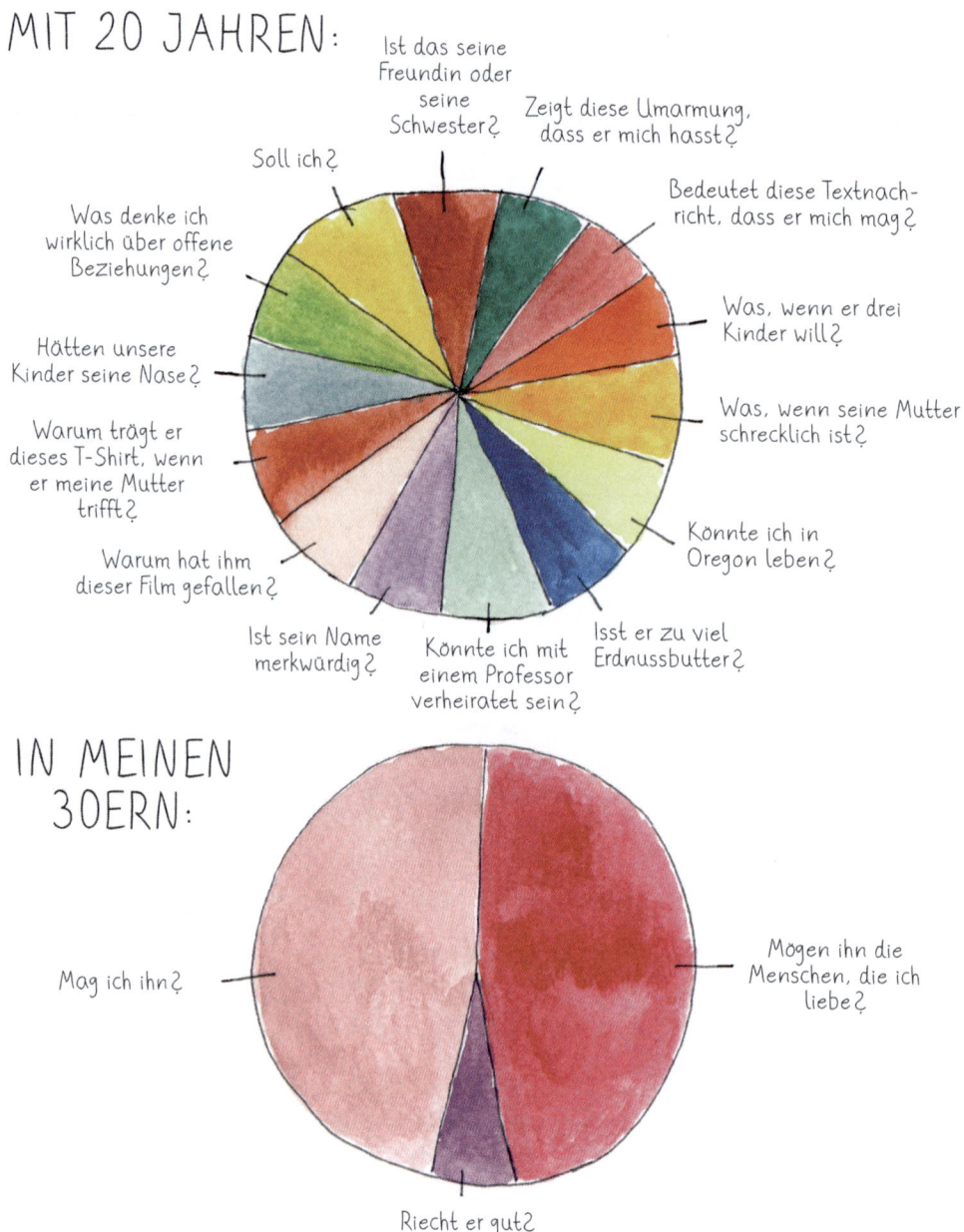

Ist das seine Freundin oder seine Schwester?

Zeigt diese Umarmung, dass er mich hasst?

Soll ich?

Bedeutet diese Textnachricht, dass er mich mag?

Was denke ich wirklich über offene Beziehungen?

Was, wenn er drei Kinder will?

Hätten unsere Kinder seine Nase?

Was, wenn seine Mutter schrecklich ist?

Warum trägt er dieses T-Shirt, wenn er meine Mutter trifft?

Könnte ich in Oregon leben?

Warum hat ihm dieser Film gefallen?

Ist sein Name merkwürdig?

Könnte ich mit einem Professor verheiratet sein?

Isst er zu viel Erdnussbutter?

IN MEINEN 30ERN:

Mag ich ihn?

Mögen ihn die Menschen, die ich liebe?

Riecht er gut?

ZEICHEN DER UNERREICHBARKEIT

UND WARUM DIES SO ATTRAKTIV IST

Lebt in einer anderen Stadt

Schmachten ist romantisch

emotional verkrüppelt

voller Überra-schungen

in eine andere verliebt

immer gut gekleidet

nicht monogam

Du bist die eine, die ihn ändert

Hat eine Freundin

Weiß, wie man liebt

DER DATINGDSCHUNGEL

JUNGS ALS »STÄDTE«

New York:
verspricht viel, hält
wenig

Paris:
Du wirst dich nie
»gut genug« fühlen.

Sankt Petersburg:
eher eine Sommerliebe

Rio de Janeiro:
herrlich, aber ziemlich
verantwortungslos

Florenz:
künstlerisch + süß,
bewundert schöne Frauen
vielleicht ein wenig
zu sehr

Santa Fe:
spirituell + interessant,
aber spaßfrei

Prag:
sich sehr bewusst,
wie schön und klug
er ist

Seattle: cool,
aber kalt

San Francisco:
wirkt cool, ist aber
sehr pflegeintensiv

ANATOMIE DER SORTE MANN,
DEN MAN BESSER MEIDEN SOLLTE

Lässt seine Haare alle 2 Wochen nachschneiden

Behauptet, nach »nichts Bestimmtem zu suchen«, und bringt dich dann in das Bistro mit den Lichterketten.

Umgarnt dich mit seiner schicken Wohnung und seinem betörenden Parfum. Erdrückt dich mit seinen Ein-Wort-Nachrichten und seinem Desinteresse, sich deinen Nachnamen zu merken.

Es gibt zahllose Anzeichen, dass er sich auch mit anderen Mädchen trifft, einschließlich der abgedroschenen Redewendung »Warst du die, die ...«

Stattet sich deutlich besser aus als du

Folgt jeder Menge Models auf Instagram

Seine Boxershorts sind deutlich edler als deine Unterwäsche.

Ihm scheint absolut bewusst zu sein, wie dein Auftreten seine Ästhetik beeinflusst.

Achtet mehr auf Stil als auf Zweckmäßigkeit, besonders im Winter

ICH BIN IM MOMENT
NICHT AUF DER SUCHE.*

* Ich bin durchaus auf der Suche. Nur eben
nicht nach dir.

* Ich treffe mich schon mit jemandem, die
ich mehr mag.

* Ich bin im Moment nicht auf der Suche,
doch wenn du attraktiver wärst, könntest
du eine Ausnahme sein.

* Ich nutze diese DatingApp nur diese
Woche, während ich in der Stadt bin.

* Ich habe erst gestern mit meiner Freundin
Schluss gemacht.

FREUNDINNEN UM RAT IN LIEBESDINGEN BITTEN

Entscheidend ist, einen Mann aus Kanada zu daten.

Kanadier daten

Warum denn nicht mal ein Musiker?

Musiker daten

Hör auf, dich auf so komplexe Typen ein-zulassen!

Verheiratet mit einem langweiligen Typen

Willst du nicht das, was ich habe?

Meine Mutter

ZEUGNIS FÜRS ERSTE TREFFEN

Name: Jose	Datum: 28. Feb	Ort: niedliche Hipster-Bar

OUTFIT: B+
Kommentar: scheint sich Mühe gegeben zu haben, Schuhe total unpassend.

BESTELLUNG: A
Kommentar: bestellte einen Negroni (ein Mann nach meiner Leber). Antwortet »Frizzante« auf die Frage: »Still oder mit Sprudel?«

KONVERSATION: C
Kommentar: hat vergessen, mir Fragen zu stellen.

KÖRPERSPRACHE: A+
Kommentar: großartiger Blickkontakt. Sein Knie berührte meines, als wir an der Bar saßen.

RECHNUNG: D
Kommentar: geteilt. Kann er nicht intuitiv erraten, wie viel ich für meine Fingernägel und Augenbrauen ausgegeben habe?

NACH DER VERABREDUNG: A
Kommentar: fuhr mich nach Hause. Legte seine Hand beim Zurücksetzen des Autos auf meine Kopfstütze.

WOHER ICH WEISS,
DASS ICH MICH VERLIEBE

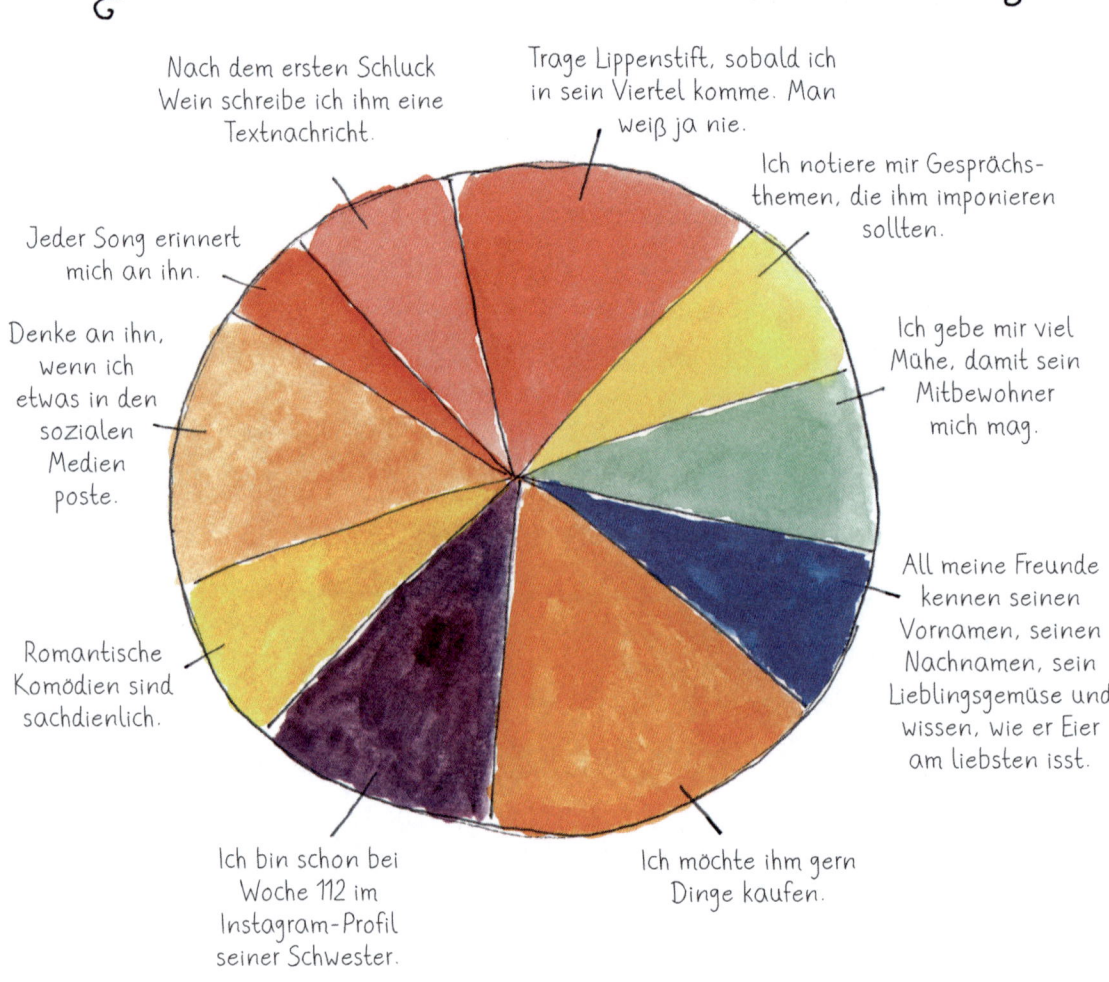

Nach dem ersten Schluck Wein schreibe ich ihm eine Textnachricht.

Trage Lippenstift, sobald ich in sein Viertel komme. Man weiß ja nie.

Ich notiere mir Gesprächsthemen, die ihm imponieren sollten.

Jeder Song erinnert mich an ihn.

Denke an ihn, wenn ich etwas in den sozialen Medien poste.

Ich gebe mir viel Mühe, damit sein Mitbewohner mich mag.

All meine Freunde kennen seinen Vornamen, seinen Nachnamen, sein Lieblingsgemüse und wissen, wie er Eier am liebsten isst.

Romantische Komödien sind sachdienlich.

Ich bin schon bei Woche 112 im Instagram-Profil seiner Schwester.

Ich möchte ihm gern Dinge kaufen.

SICH VERLIEBEN

Kapitel 5

HERZSCHMERZ UND VERLUST

DAS LEBEN IN 3 AKTEN

Sammlung

TAUSCH NACH TRENNUNG

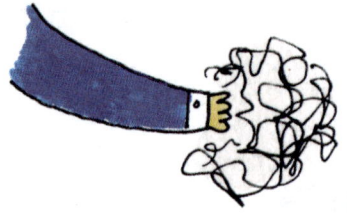

Selbstzweifel, Misstrauen gegenüber allen Männern. Zerstörtes Vertrauen, schmerzhafte Erinnerungen an jede Straße in dieser Stadt

Lektionen fürs Leben, eine Mustervorlage für die nächste Beziehung. Einen neuen Pachtvertrag mit dem Leben, wunderbare Geschichten zum Weitergeben.

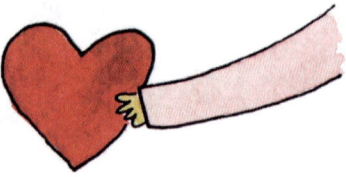

ANATOMIE EINES
LIEBESKUMMERS

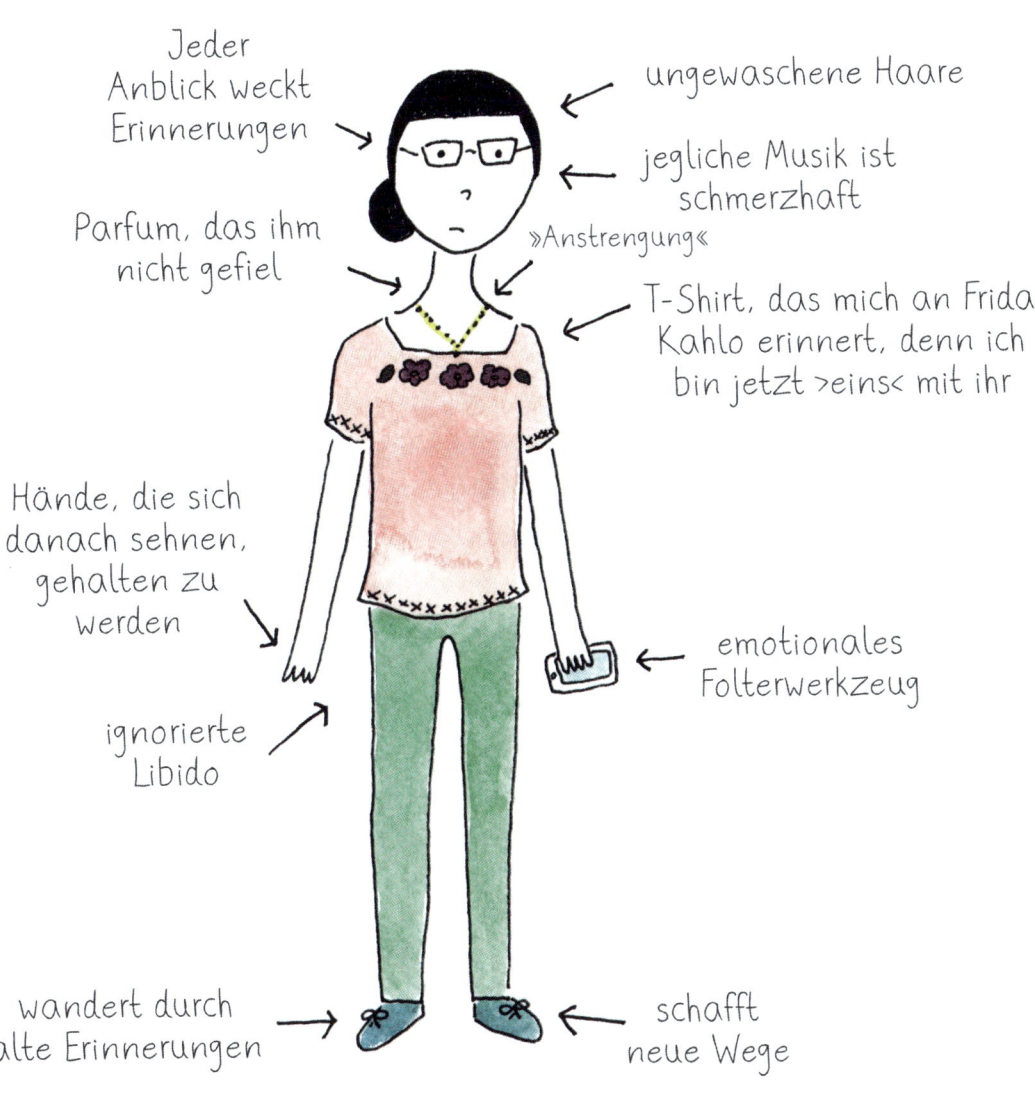

Jeder Anblick weckt Erinnerungen

ungewaschene Haare

jegliche Musik ist schmerzhaft

»Anstrengung«

Parfum, das ihm nicht gefiel

T-Shirt, das mich an Frida Kahlo erinnert, denn ich bin jetzt >eins< mit ihr

Hände, die sich danach sehnen, gehalten zu werden

emotionales Folterwerkzeug

ignorierte Libido

wandert durch alte Erinnerungen

schafft neue Wege

ER ALS MEIN
FREUND

so süß, wie er immer seine Mütze trägt

süß, wie er mich bis zur Ecke bringt

interessante Präsenz in den sozialen Medien

sein cooles geometrisches Tattoo

so verträumt, dass er Gitarre spielt

er ist ein geheimnisvoller, einsamer Typ

welch anspruchsvoller Geschmack

er ist lässig und salopp

er trägt französische Fußballschuhe

Teilzeit-Sneaker-Blogger

ER ALS MEIN EX

Besitzt er überhaupt eine andere Mütze?

viel zu stolz, um mich bis zur Ecke zu bringen

besessen von seinem Auftritt in den sozialen Medien. Sobald die Trennung endgültig war, entfernte er mich aus der Follo-wer-Liste, sodass sein Follo-wer-Schnitt stimmt.

so ein Klischee-tattoo

noch eine Gitarrenserenade überstehe ich nicht

er hat keine Freunde

so anmaßend

lern mal, dich ab und an richtig anzuziehen.

er ist weder Franzose noch spielt er Fußball

bloggt, damit er Rabatte bekommt.

VON GLANZ UND GLITTER

Als ich fünf war, nahmen meine Eltern mich mit nach
Mexiko, im letzten verzweifelten Versuch eines Familienurlaubes,
bevor sie sich scheiden ließen. Ich erinnere mich an
purpurrote Stickerei, riesige Echsen (schon vor den Zeiten von
Instagram wunderbare Fotomotive), Puppen mit Sombreros und
dass man Coca-Cola ohne Eis bestellen musste.
Ich erinnere mich, wie ich meine Füße im badewannenwasserwarmen
Sand am Rande des Strandes vergrub, wie das Wasser Schaum bildete und
mit jeder rhythmisch anbrandenden Welle meine Zehen freigelegt
wurden. Ich hüpfte durch die Wellen und suchte
Steine und Muscheln.

Ein paar Schritte weiter und zur Hälfte unter einer goldenen Kuppel aus Sand verborgen, entdeckte ich etwas Glänzendes. Es war Gold, ganz sicher. Ich war mir sicher, dass ich einen Maya-Schatz entdeckt hatte. Ich sah die Fernsehinterviews und das Haus, in das wir ziehen würden, schon vor mir. Ich hob die glänzende Münze auf und hielt sie für einen Moment, ahnend, dass sich mein Leben ändern würde.

Dann rannte ich zu meinen Eltern, die gerade mit Einheimischen im Gespräch waren, und zeigte ihnen die Ausbeute meiner archäologischen Ausgrabung. »Gold verkündete ich stolz«, wie in den alten Zeiten die Pioniere in Alaska.

»Oh, wunderbar«, sagte mein Vater. »Jetzt habe ich genug Kleingeld, damit ich das da mal probieren kann.« Er zeigte auf einen Paraglider.

Zwei Dinge wurden mir schlagartig klar:
1. Mein Schatz war nur ein paar Cent wert.
2. Mein Vater würde beim Paragliding sterben.

Ich bekam einen Tobsuchtsanfall. Zum einen waren all meine Träume geplatzt, aber noch schlimmer war die Vorstellung, dass mein Vater in den Himmel fliegen würde. Wenn man fünf ist, bedeuten die Eltern die ganze Welt, und ich hielt es nicht aus, dass meine Welt in die Wolken fliegen sollte, mein Vater nur ein dünner Schatten hoch oben in den Lüften, der mit Sicherheit vor meinen Augen in den Golf abstürzen würde.

Meine Eltern versuchten, mit mir zu reden. »Es ist sicher, Mari. Schau mal, der Mann dort tut es auch. Papa wird in einem Gurt sein, er ist absolut sicher. Bitte, Mari, hör auf zu schreien.«

Aber ich wusste es genau. Ich wusste etwas, was er nicht wusste: dass ich sein Leben retten und er mir eines Tages dafür dankbar sein würde. Nach längerem Geschluchze gab mein Papa nach: »Na gut.« Er seufzte und sah den Typen an, der danebenstand und meinen Zusammenbruch beobachtet hatte. »Trotzdem vielen Dank.«

Ich habe meinen Vater immer sehr geliebt. Doch unsere Beziehung wurde schwieriger, als ich in meinen 20ern war, ohne dass wir beide einen Grund nennen konnten. Aber ich suchte den Auslöser in der Vergangenheit. Ich musste etwas Verletzendes getan haben, doch mir fiel nichts Entsprechendes ein. Ich überlegte, ob ich mich für irgendetwas entschuldigen musste, und beschloss, dass ich mich dafür entschuldigen würde, dass ich ihn in Mexiko nicht hatte Paragliding ausprobieren lassen.

Mein Vater erlitt einen Herzinfarkt, als ich 28 Jahre alt war. Ich lebte immer noch in Washington, D.C. und er war in San Francisco. Also erreichten mich alle paar Tage E-Mails mit den Neuigkeiten über seine vierfache Bypassoperation. Es stresst ziemlich, per Mail über den wechselnden Gesundheitszustand des Gegenübers zu hören, das ewige Auf und Ab, die wilden Phasen, der erzwungene Humor, die Fragen.

Als sich sein Zustand nach der Operation stetig verschlechterte, wollte ich hinfliegen und ihn im Krankenhaus besuchen. Es war an der Zeit, die Entschuldigung einzulösen. In den Tagen vor meinem Besuch lief ich nachts aufgeregt durch mein Viertel und wiederholte in Gedanken immer und immer wieder meine Worte: Es tut mir leid, dass ich dich nicht zum Paragliding gelassen habe. Es tut mir so vieles leid. Ich verzeihe dir und ich hoffe, du verzeihst mir auch.

Er starb am Morgen meines Fluges.

Wenn man jemanden mit einem Gipsverband sieht, dann weiß man, dass man ihm seinen Sitz überlassen und vielleicht auch die Tür aufhalten sollte. Sollten daher Menschen, die psychische oder emotionale Schwierigkeiten haben, nicht auch eine Art Verband tragen, damit die anderen erkennen, dass sie Hilfe brauchen? Es gab nach dem Tod meines Vaters viele Momente, in denen ich mir wünschte, die Trauernden der Moderne könnten an irgendetwas erkannt werden. Wie wäre es mit diesen verführerischen schwarzen Spitzentüchern, die den Kopf bedecken und aussehen, als ob sie einen direkt aus dem Gottesdienst in eine Tangobar der 1940er-Jahre in Buenos Aires beamen würden? Jeden Morgen könnte ich eines in meinen Haaren feststecken, um der Welt zu zeigen: »Dieses Mädchen durchlebt gerade eine schwere Zeit. Behandelt sie bitte mit einer Extraportion Sanftmut.«

Am Tag als mein Vater starb, erhielt ich eine neue Identität: »Trauernde«. Sie zeigte sich auf vielerlei überraschende und lebensverändernde Weise. Ich fing damit an, jeden Tag zu zeichnen. Ich schrieb mehr als je zuvor und hatte keine Angst mehr, meine Arbeiten für Veröffentlichungen einzureichen. Ich nahm Gitarrenunterricht, genau wie Stunden für Salsa, Surfen und Design. Ich schloss neue Freundschaften und zog mich friedlich aus Beziehungen zurück, die ich schon seit Langem hätte beenden sollen. Ganz untypisch für mich, las ich Bücher zu Ende, machte Fortschritte mit meiner Sprach-App und legte letzte Hand an meine Wohnungsgestaltung an. Ich legte beim Training einen Zahn zu. Ich schaffte einen Spagat im Unterarmstand, was noch vor wenigen Jahren mit einer Fahrt im Krankenwagen geendet hätte.

Wenn ich gefragt werde: »Woher hast du die Motivation, all dies zu tun?«, dann antworte ich: »Oh, ganz einfach. Es muss nur ein Elternteil sterben.« Ahhhhhh. Aber es stimmt.

Zu wissen, dass ich nicht unsterblich bin – dass niemand es ist –, verschafft mir jeden Morgen einen Adrenalinkick, allein beim Gedanken daran, dass ich noch am Leben bin. Dieses Gefühl ist so wunderbar und erschreckend, wie es klingt. Ich bin mir völlig bewusst, dass meine Welt morgen enden könnte, was mich stärkt, mir aber auch Angst einjagt. Ich lebe intensiv, schnell, produktiv und reichlich, aber auf der anderen Seite hielt mich die plötzliche Erkenntnis der Sterblichkeit in meiner Trauerphase auch nachts wach. Als nach dem Tod von David Bowie viele meiner Freunde die aufkeimende Erkenntnis der Sterblichkeit plötzlich mit mir teilen wollten, beobachtete ich ihre Erleuchtung. Sie kamen mir wie eine Gruppe Teenager vor, die sich das erste Mal mit Bacardi betranken, während ich mich zurücklehnte und längst an meinem Whisky nippte.

Mit dem Gebrauch des Worts *habit* (Gewohnheit) im Englischen ist es ähnlich: Im Ursprung bedeutet es Kleidung, Garderobe und später bezeichnete es ein angenommenes Verhaltensmuster. Die Kleidung einer Nonne bezeichnen wir immer noch als *habit* (auch im Deutschen, Anm.d.Ü.). Etymologisch bezeichnet *habit* etwas, was jemand besitzt. Trauernde mögen heute keine schicken Kopftücher mehr tragen, wenn jemand stirbt, doch haben wir unsere eigenen Kennzeichen im öffentlichen Nahverkehr, auf der Arbeit, an unserem Schreibtisch zu Hause. Wenn ich trauere, reagiere ich bei harschen Worten über. Ich trauere, wenn ich ein neues Lied auf der Gitarre lerne. Trauern ist inzwischen so hoffnungslos mit all meinen täglichen Aktivitäten verquickt, dass ich es kaum noch davon trennen kann. Ein Bewusstsein für die Sterblichkeit, eine erhöhte Sensibilität, nächtliche Angstanfälle und ein verzweifeltes Bedürfnis ‚zu schaffen und zu kreieren: Das ist es, was ich habe.

Am Morgen des Todes meines Vaters legte ich das Medaillon meiner Mutter an – ein kunstvoll graviertes Art-deco-Teil –, das sie mir kurz zuvor überlassen hatte. Ich erinnere mich noch daran, wie sie es gekauft hat, denn sie kaufte selten etwas für sich selbst. Im Inneren hatte sie ein Bild von mir und ich liebte es, denn sie trug es auf allen meinen Lieblingsfotos von ihr.

Mit zurückgekämmten Haaren und rosafarbenen Wangen ging ich wie an jedem anderen Tag ins Büro. Die Kollegen fragten mich, warum ich denn überhaupt zur Arbeit gekommen sei, aber ich wusste nicht, was ich sonst hätte tun sollen. Falls der schwarze Samt, den ich an diesem Tag trug, wie ein Signal für eine unsichtbare Wunde wirkte, dann war das Medaillon an diesem Tag mein Schutzschild. Damit bündelte ich die Kraft und Weisheit meiner Mutter. Ich war im Grunde die Jackie-Kennedy-Ausgabe der Trauer.

Als ich ins Büro kam, wickelte ich meinen roten Schal ab und legte ihn über die Rückenlehne meines Stuhls. Die Goldkette von dem kostbaren Medaillon meiner Mutter rutschte heraus und fiel auf den Stuhl. Ich schnappte nach Luft und berührte meinen Hals: »Nein. Nein. Nein. Nein«, sagte ich, vielleicht zu den Planeten, Gott oder dem Universum. Ich nahm mein Büro auseinander, suchte hinter Büchern, unter Lampen und sogar in den Schränken. Nichts.

Ich jammerte über den Verlust des Medaillons. Ich saß, über meinen Schreibtisch gebeugt, und weinte geschlagene zehn Minuten. Ich hielt die Kette an meine Wange, ließ sie über meine Haut gleiten und versuchte, mich an die Kraft zu erinnern, die ich noch eine Stunde zuvor daraus ziehen. Ich rief in dem kleinen Coffeeshop an, in dem ich angehalten hatte, und hielt mich an der Hoffnung fest, dass jemand es gefunden haben könnte. Nichts.

Am nächsten Morgen ging ich auf genau demselben Weg ins Büro, doch diesmal waren meine Blicke auf den Fußweg geheftet. Ich untersuchte die Laubberge, die Risse im Bürgersteig, den Rinnstein. Überall heftete ich Zettel mit meiner E-Mail-Adresse an. Als ich fast bei meinem Büro angekommen war, entdeckte ich etwas Glänzendes. Es war rund und fing das Sonnenlicht und das Licht der Straße auf, ganz wie das Medaillon meiner Mutter. Ich spürte Tränen der Dankbarkeit in mir aufsteigen mit der wiedergeborenen Hoffnung, dass alles gut werden würde. Meine Schritte wurden schneller und ich eilte auf den Glanz zu.

Es war nur eine Münze.

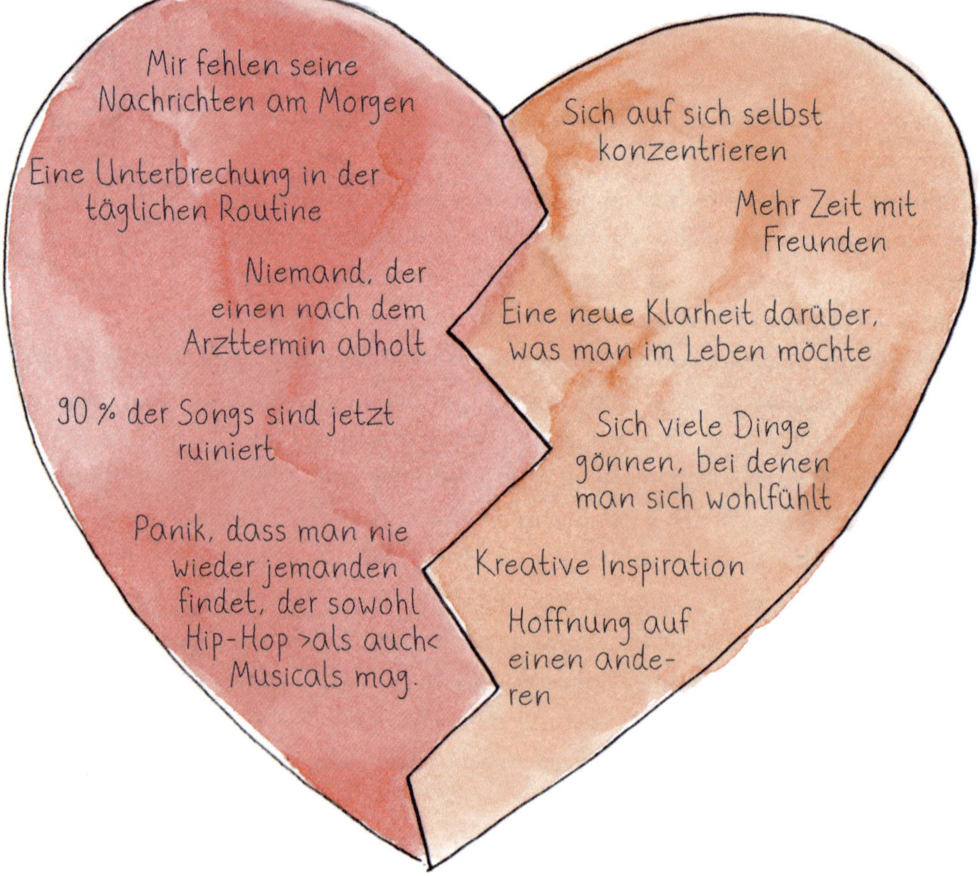

Mir fehlen seine
Nachrichten am Morgen

Eine Unterbrechung in der
täglichen Routine

Niemand, der
einen nach dem
Arzttermin abholt

90 % der Songs sind jetzt
ruiniert

Panik, dass man nie
wieder jemanden
findet, der sowohl
Hip-Hop >als auch<
Musicals mag.

Sich auf sich selbst
konzentrieren

Mehr Zeit mit
Freunden

Eine neue Klarheit darüber,
was man im Leben möchte

Sich viele Dinge
gönnen, bei denen
man sich wohlfühlt

Kreative Inspiration

Hoffnung auf
einen ande-
ren

HEILMITTEL FÜR EIN
GEBROCHENES HERZ

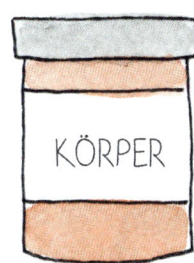

AUGEN

Zeig ihnen Schönes: ein Museum, einen Film, eine Blumenwiese

KÖRPER

Lass ihn sich gut fühlen: Gönne ihm ein Bad, eine Massage, eine nahrhafte Mahlzeit

HÄNDE

Erschaffe etwas mit ihnen: ein Gedicht, ein Bild, ein Blech voller Muffins

FÜßE

Stell sie auf den Tanzboden, eine Yogamatte, einen Laufpfad oder einen neuen Weg

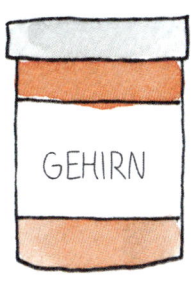

GEHIRN

Gestatte ihm eine Pause vom Internet und versorge es mit einem guten Buch

SEELE

Hebe die Stimmung und sprich mit Freunden, probiere ein neues Hobby oder suche etwas, worauf du dich freuen kannst.

SYMPATHIE

EMPATHIE

WAS MAN SAGEN KANN,

WENN MAN NICHT WEIß, WAS MAN SAGEN SOLL

»Ich kann es mir nicht vorstellen, aber es tut mir sehr leid.«

»Ich bringe dir heute Abend Lasagne vorbei. Wenn dir nicht nach Reden zumute ist, stell ich sie vor die Tür.«

»Ich denke an dich.« (wiederholen)

»Wahrscheinlich bist du es nicht, aber lass uns doch einen Schwangerschaftstest kaufen. Du bist nicht allein.«

»Erzähl ruhig weiter!«

»Dein Haarschnitt ist toll, aber vermutlich sind sie nachgewachsen, bevor du dich versiehst.«

VIELE MOMENTE MEINES GROßWERDENS PASSIERTEN ÜBER EINER TASSE KAFFEE

Hätte meine Mama nicht erlaubt

Americano

Im Alter von 0-18: mit Papa ins Café gegangen. Wir plauderten über das Leben, ich guckte ihm beim Zeichnen zu oder er las Zeitung.

Ich habe mit 4 Päckchen Zucker angefangen und arbeitete mich auf 0 vor.

Im Alter von 19:

Während meines Auslandssemesters in Italien lernte ich, Kaffee zu genießen. Ich fühlte mich erwachsen, wenn ich einen doppelten Espresso bestellte.

A doppio, bitte.

Ich bin so schick.

Ich glaube, das war's jetzt!

Ich glaube, der Platz ist jetzt verdorben.

Im Alter von 21:

Meine erste Trennung fand auf der Gartenterrasse meines Lieblingscafés statt.

Im Alter von 22-23:

Ein Herz aus Schaum ist ein gutes Omen.

Im Alter von 28+:

Am Geburtstag meines Vaters trinke ich einen Americano.

Papa

So viele »sichere« erste Dates in Cafés.

MEINE EX-FREUNDE ALS KAFFEES

Mittagskaffee um 14 Uhr:
billig + lauwarm,
erledigt den Job

Hanff-Latte:
etwas merkwürdig +
wohlriechend,
Nach einer Weile wurde
er zur Obsession

Soya-Latte:
verlässlich, doch
nur 2008 wirklich
relevant

Mandelmilch-Latte:
schick, aber sich seiner
sehr bewusst

Cappuccino:
duldsame,
internationale
Romanze

Milchkaffee:
der, den ich immer
vergesse. Aber genau der
den ich will. Brauche.

DER, DEN ICH WILL

Als mein Vater starb, wusste ich nicht, wo er war. Und das
meine ich wörtlich: Ich kannte den Ort nicht, wo sein Körper lag. Er hatte
sich ein umweltfreundliches Begräbnis gewünscht und das bedeutete einen
biologisch abbaubaren Sarg und ein Zertifikat mit GPS-Koordinaten, um
anstelle eines Grabsteins zu markieren, wo er lag. Ich
wusste nicht genau, wo das war, aber ich wusste, dass ich die Information
irgendwann ausbuddeln und dann über das Feld flanieren würde,
um die Koordinaten, die auf seine Knochen
hinwiesen, zu finden.

In der Zwischenzeit versuchte ich, ihn lebendig zu halten, indem ich nach Liebe Ausschau hielt, um mich von der Trauer abzulenken. Nun, natürlich hielt ich nicht so sehr »nach Liebe Ausschau«, sondern griff vielmehr nach allen sich bietenden Strohhalmen, nach jedem noch so kleinen Anzeichen von Zuneigung.

Eine Zeit lang datete ich auf Teufel komm raus. Es war irgendwie einfacher, mit jemand Wildfremdem zu reden als mit einer mir nahestehenden Freundin. Es fühlte sich so an, als würde man sich für ein paar Stunden ein anderes Leben überziehen, eines, das ich tragen konnte, bis das reale dahinter durch die Nähte zu piksen begann. Alle fingen gleich an: schwarzer Eyeliner, blaue Wildlederpumps, zwei Plätze an der Bar. Etwa eine Stunde später würde ich dann unausweichlich mit etwas herausplatzen wie »Tut mir leid, mein Vater ist gestorben, ich sollte gehen«. Ich ganz alleine habe sicherlich ein halbes Dutzend Männer für immer von Tinder vergrault.

Indem ich zwanghaft datete, versuchte ich, die Stufen der Trauer auszulassen und eine Lösung für die dauerhaft schmerzende Einsamkeit, die sich in meiner Brust eingenistet hatte, zu finden. Ich glaubte ernsthaft, innerhalb eines Monats würde es mir wieder »gut« gehen, aber stattdessen rollten die Stufen nur in einer anderen Reihenfolge ab.

»Auch das geht vorbei.« Das haben mir eine Menge Leute nach dem Tod meines Vaters gesagt. All diese jungen Menschen, die vielleicht ihren Hund verloren, einen ältlichen Verwandten, einen Arbeitsplatz hatten halten ganz offensichtlich die universelle Weisheit aller Zeiten gepachtet: Meine Trauer würde vorübergehen. Menschen wollen glauben, dass Trauer, wie das Stoßen des Zehs, einem kurzen, klaren Muster folgt und dass sie eines Tages abgehakt ist und keiner mehr darüber reden oder davon hören will.

Aber die Wahrheit der Trauer beinhaltet das Hineintreten in die tiefste, dunkelste, monsterinfizierteste Zone und die Erkenntnis zu akzeptieren: »Dieser Ort ist das absolute Loch und du bist vielleicht länger hier.« Man muss mutig sein, um in die lichtlose Düsternis echter Empathie zu steigen, und ich habe das große Glück, ein paar solcher mutigen Seelen in meinem Leben zu wissen.

Jemand Neues zu daten bot doch nicht die erwartete Lösung, also warf ich einen Blick zurück in meine romantische Vergangenheit. Durch ausdrucksstarke E-Mails und dramatische Text-Message-Bekanntmachungen versuchte ich, verflossene Liebschaften zu reanimieren. Eine davon würde doch sicher funktionieren. Eine davon würde meine Geschichte vervollständigen und ich wäre nicht länger allein. Tatsächlich würde meine Geschichte in einem romantischen Triumph enden!

»Auch das geht vorbei.« Es tat am meisten weh, als Digo es sagte. Denn ich wollte Mitleid, von ihm mehr als von jedem sonst. »Freund« ist der angemessene Begriff für unsere Beziehung, »Brieffreund« würde auch passen, aber »Fantasie« trifft es wohl am besten. Wir sahen uns nicht sonderlich oft und deshalb konnte ich aus ihm jemanden formen, so wie ich es wollte; in diesem Fall hatte ich Digo als Erlösung aus meiner Isolation erträumt.

In der Nacht, als mich die Realität des Todes meines Vaters richtig traf, rief ich Digo an. Ich war verzweifelt, wollte aus dieser monsterinfizierten Zone heraus und er sollte mich retten. Ich brauchte ihn und nur ihn; er sollte in die Dunkelheit treten, in diesen dunklen, schrecklichen Ort wahrer Empathie für mich, sodass wir gemeinsam ins Licht herausschreiten und händchenhaltend die Straße in das East Village einschlagen könnten. Ich brauchte Digo so verzweifelt, wie ich meinen Vater brauchte.

Ich weinte vor Digo und erzählte ihm, wie wütend ich sei, wütend über den Herzschmerz und den Verlust gleichermaßen und wütend auf die ganze Welt, die meinen Vater unter dieses Feld in Kalifornien geführt hatte mit nur den GPS-Daten als Markierung seiner sterblichen Überreste.

»Auch das geht vorbei«, sagte er.

Ein paar Wochen vor dem Tod meines Vaters war ich mit meinem damaligen Freund Alejandro in New York. Ich mag es eigentlich nicht, mit anderen zu reisen, aber für ihn machte ich eine Ausnahme und er flüsterte mir ins Ohr, wie sehr er das zu schätzen wisse, während wir Louis Armstrong mit seinem »La vie en rose« lauschten.

Wir hielten behandschuhte Hände die Fifth Avenue hinunter, als ich zugab, dass ich an meinen Vater denken müsse, dass ich mich an all die wunderbaren Dinge erinnerte, die er mir nahegebracht hatte, wie New York, thailändisches Essen und die Platten von Sam Cooke. Also tanzten Alejandro und ich zu Sam Cookes »Having a Party« in einem schwach beleuchteten Wohnzimmer auf der Upper West Side. Und ich erinnerte mich daran, dasselbe mit meinem Vater zwei Jahrzehnte zuvor in unserem hell erleuchteten Wohnzimmer in Seattle getan zu haben.

Vor Alejandro hatte ich nur die Beziehung mit Digo erlebt, als wir uns in einer Kneipe in New York kennengelernt und den Tag Arm in Arm spazierend im Central Park verbracht hatten. Für mich war New York so traumartig, dass es über die Realitäten beider Beziehungen einen zarten Film legte. Als ich mit Digo in New York zusammen war, fühlte es sich so an, als würden wir uns schon immer kennen, obwohl wir uns nur ein paarmal trafen. Als ich mit Alejandro in New York zusammen war, fühlte es sich so an, als wären wir die einzigen Menschen, die existierten.

Die Zugfahrt nach Washington D. C. wusch den Glanzfilm von New York ab. Tatsächlich trennten Alejandro und ich uns in diesem Zug, als ich herausfand, dass der Mensch, dem er permanent Textnachrichten geschickt hatte, nicht sein Bruder war.

Ich konnte das Gefühl des gebrochenen Herzens nicht vom Gefühl der Trauer trennen, denn beides fühlte sich wie Zurückweisung an. Die beiden wichtigsten Männer in meinem Leben hatten mich zur gleichen Zeit abgewiesen.

Nach »Auch das geht vorbei« wurde Digo der letzte aus einer Reihe von Männern, die ich benutzte, um meinen Vater wiederzuerwecken, der mich verließ. Und hier gibt's deshalb einen Datingtipp von mir: Jungs haben nicht wirklich ein Interesse daran, den Platz deines toten Vaters einzunehmen.

Es gab keinen bestimmten Tag, an dem meine Freunde aufhörten, vorsichtig nachzufragen, was ich so tat; die Gespräche veränderten sich nur, während ich wieder am sozialen Leben teilnahm und nicht länger aussah, als wäre ich auf Drogen. Ich hatte keine Albträume mehr

STUFEN DER TRAUER

verrückt fühlen

weniger verrückt fühlen

TRAUER

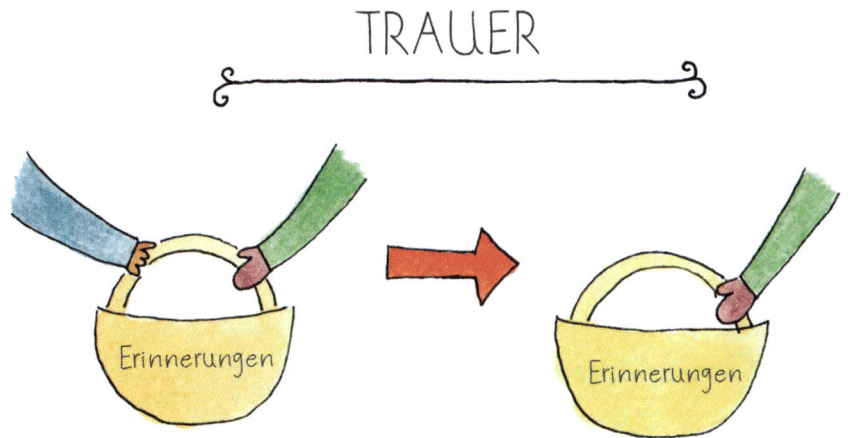

und lachte wieder mehr. Ich setzte ein paar Treffen »Essen« mit Freunden auf den Kalender. Das Gewicht des konkreten Schlags war leichter geworden. Ich dachte mir, ich wäre auf der letzten Stufe der Trauer.

Die letzte Stufe der Trauer ist Akzeptanz. Das ist ein nettes Wort. Es klingt wie ein zenmäßiger Zustand der Offenheit und des neu entdeckten Friedens.

Aber heute habe ich begriffen, dass Akzeptanz – das Annehmen – in Wirklichkeit ein herzzerreißendes Begreifen ist. Mein Vater ist tot und nichts kann ihn zurückbringen. Nicht ein verflossener Freund, auch kein neuer. Akzeptanz ist keine Erleichterung; es ist vielmehr das Begreifen, dass du die Trauer immer mit dir herumtragen wirst.

Der Abend, an dem ich Digos Freundschaft verlor, war der Abend, an dem ich mich auf die letzte Stufe der Trauer begab. Monate des Schweigens folgten auf mein Heulen am Telefon, ohne das Angebot, mich zu entführen und den Central Park in einer Kutsche den Rest unseres Lebens zu durchqueren – oder auch nur eine Kondolenzkarte. Ich wartete darauf, dass er die Verantwortung übernahm und mein Trostpreis wurde, doch er lehnte still ab.

Ich setzte ein Zeichen für die letzte Stufe der Trauer, indem ich Digo mit einem Update anrief: »Es ist nie vorbei«, herrschte ich ihn an. »Du hast gesagt, dass es vorbeigehen würde, aber das tut es nie.« Ich war sauer auf ihn, weil er nicht das Mitleid aufbrachte, das ich brauchte, und wütend, dass er nicht der magische Trank war, der mein Herz heilen konnte. Aber mehr als das war ich wütend, dass kein Mann das für mich sein konnte.

Als ich auflegte und das Gespräch mit Digo beendete, nahm ich endgültig Abschied von meinem Vater. Es gab kein Zurück – weder physisch noch auf einer seltsam zwiespältigen spirituellen Ebene. Nicht durch die Liebe anderer Männer. Ich musste durch diesen Schmerz allein hindurch und es lag an mir, darüber zu entscheiden, ob mich das stärken oder schwächen würde.

DAS LEBEN, DAS ICH NICHT HABEN WERDE
(WEIL WIR UNS GETRENNT HABEN)

der geplante Ausflug
an den Strand

die Fotos, die
wir in dem neuen
französischen Restaurant
machen wollten

im neuen
Pool seiner Eltern
schwimmen

die Hochzeit
auf dem Bauernhof

der
Hund

mit seiner
coolen
Schwester
befreundet sein

endlich wie versprochen
Stammkunden werden

TRENNUNGSRITUALE

eine Kerze für das
Leben, das du nicht
führen wirst, anzünden
(seine Verwandten
nächsten Sommer in
Schweden besuchen)

dramatischer
Haarschnitt
(oder sie raspelkurz
schneiden, was sich
dramatisch anfühlt)

Lass in ein Schmuck-
stück, das er dir
geschenkt hat,
einen neuen Spruch
gravieren

Lösch alle Fotos,
bei denen du weinen
musst

Kauf dir selbst
etwas Schönes

LASS LOS

Kapitel 6

ENTTÄUSCHUNG ÜBERWINDEN

DEIN LEBEN

Dieser
Moment

MIT 20 JAHREN

AUSDAUER

 Widerstandsfähigkeit steigt, wenn du herumgeschubst wurdest.

Du kannst entweder sagen:

Oder du sammelst dich einen Moment und sagst:

 Puh. Mache ich nie wieder.

 Lass uns das noch mal probieren, jetzt kenne ich mich ja besser.

Sich durch Ablehnung, Herzschmerz oder Verluste zu kämpfen ist unvermeidlich. Die Entscheidungen, die wir anschließend treffen, bilden unsere Widerstandsfähigkeit.

mehr über sich selbst lernen

aktiv Dinge finden, für die man dankbar ist

sich selbst einen Silberstreif an den Horizont malen

Wenn du Widerstandsfähigkeit entwickelst, verblüffst du dich mit eigener Kraft.

FRÜHLING

»Wann fängt der Frühling endlich an?«, hört man jeden April
in Washington, D. C., wenn man auf eine ganze Woche mit blauem
Himmel und Sonnenschein und umherhuschenden Kaninchenbabys wartet.
Stattdessen ist es üblicherweise noch für ein paar Monate regnerisch
und kalt, mit ein paar milderen Tagen hier und da – mit feuchten Rasenflächen,
Autos, die einen vollspritzen, wenn sie durch Pfützen fahren, Regenwürmern
und letzten Schneeresten und T-Shirts, die von übergroßen Schals verdeckt werden.
Der Frühling ist wählerisch und unvorhersehbar, wie ein pickliges Teenie-Mädel,
das jeden Moment herumzicken kann, aber ab und an durchblitzen lässt,
was für eine elegante junge Dame es werden wird.

Frühling ist das Versprechen auf die Lösung eines Problems. (Das Problem ist der Winter: Falls du schon mal Zeit im Mittleren Westen verbracht haben, weißt du, dass er Grund für psychische Qualen und Verzweiflung sein kann.) Deshalb ist es so frustrierend, wenn dann nichts kommt. Insgeheim erwarten wir wohl alle, dass am 21. März die Regenwolken wie silberne Gardinen aufgehen und unsere Städte wie in einem Renaissancegemälde erstrahlen. Das wurde uns zwar noch nie versprochen, erlebt haben wir es auch noch nie – und doch haben wir das Gefühl, dass es uns absolut zusteht. Es macht peinlicherweise wütend, dass man immer noch gezwungen wird, sich durchzukämpfen, noch dazu ohne klares Ablaufdatum. Mit einem ungelösten Problem zu leben lässt uns unwirsch werden.

Ich erwartete von Mexiko City, dass es mir meinen persönlichen Frühling bringen würde. Nicht meinen Regenwurm-Dunst-Pfützen-Frühling, sondern mein Renaissancegemälde. Ich war fest davon überzeugt, dass mir das zustünde.

Und einige Augenblicke empfand ich auch als sehr inspirierend. Doch mir fehlten diese einschneidenden Erkenntnisse, die ich mir erhofft hatte. Ganz besonders hatte ich erwartet, in Frida Kahlos Casa Azul spirituelle Offenbarungen zu erleben. Frida Kahlo ist selbstverständlich

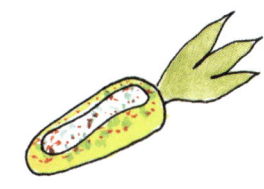

Maiskolben
(mit Mayonnaise)

Tostada mit
Meeresfrüchten
(mit Mayonnaise)

Torta
(mit Mayonnaise)

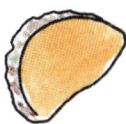

Taco
(mit Mayonnaise)

die Schutzheilige aller jungen Frauen, die sich selbst als Künstlerinnen mit gebrochenen Herzen sehen. Ich stellte mir vor, wie ich durch ihr Haus laufen und das heilige Leinen ihres Bettes und die gesegneten Kacheln in ihrer Küche berühren würde. Ich würde durch den Garten schlendern und über die Lektionen von Herzschmerz und die Schönheit der Bewältigung nachgrübeln.

Während ich mich auf meinen Weg zur Casa Azul in dieser tobenden Metropole machte, versuchte ich, mich mit der Route der Metrolinie zu identifizieren. Sie würde mich aus der ernsten Nachbarschaft, in der ich wohnte, durch das Wirrwarr des Geschäftsbezirkes im Stadtzentrum, unter blühenden Parks und uralten Monumenten, an chaotischen Autobahnen mit Tankstellen und Schrottplätzen vorbei bis zur Endstation der Linie bringen. Dort würde ich dann in einem festlich geschmückten Viertel landen, welches göttliche Erleuchtung versprach. Ich hatte die Hybris zu denken, dass diese Reise durch den Untergrund meinen bisherigen Lebensweg abbilden würde: Meine letzten Jahre hatten sich durch Chaos und Stille gewunden, die Überbleibsel von Wutausbrüchen und die Überwucherungen von Erinnerungen hingen mir noch an – doch hier konnte ich mit Sicherheit gereinigt und bereit an einem neuen Ort ankommen.

So war es aber ganz und gar nicht. Nach einer unbequemen, wenn auch direkten Zugfahrt, spuckte mich der Fahrstuhl auf einen kaugummiverklebten Bürgersteig inmitten von Autohäusern aus. Kein Anzeichen der bonbonbunten Fahnen, nur ein Wirrwarr von Telefonkabeln. Keine türkisfarbenen Häuser, umrahmt von Bougainvilleen, nur ein überfüllter Starbucks und ein einsames Einkaufszentrum. Nicht der Geruch von hausgemachten Tortillas zog durch die Luft, nur der morgendliche Smog. Ich zog meinen eselsohrigen Reiseführer aus der Tasche und versuchte auf der Karte den Weg zur Casa Azul zu verstehen.

Letztendlich entschied ich mich, ein Taxi zu rufen, das mich nach einer zehnminütigen labyrinthischen Fahrt direkt vor Fridas Haus absetzte. Eine Schlange von Touristen wand sich bereits um das blaue Haus. Ich stellte mich dazu, verschwitzt und verwirrt von meinem Versuch, launenhaft zu sein. Und hatte ich damit nicht wirklich das Recht auf Launenhaftigkeit erworben, fragte ich mich, als ich am Haus ankam.

ORTE, AN DENEN MAN SICH AUF DER SUCHE IN MEXIKO CITY VERLAUFEN KANN

Fridas Haus

Churro-Café

Museum für Moderne Kunst

eine Margarita-Kneipe

diese Metrostation

Den Zauber, den ich von dieser Erfahrung gefordert hatte – die Verzauberung durch den Garten, die emotionale Kraft ihres Rollstuhls, die Kraft ihrer Leinen –, versickerte kläglich, als sich immer mehr Touristen in jedem neuen Raum drängten. Ich hatte ursprünglich gleich nach der Öffnung ankommen wollen, damit ich das Haus für mich allein hätte. Aber meine verspätete Ankunft deckte sich nun mit dem Höhepunkt des spätmorgendlichen Touristenwahnsinns.

Ich wurde von der Menge durchs Haus geschoben und geschubst und dann in den Garten ausgespuckt. Ah, die Gärten: Hier, so hatte ich angenommen, würde ich meine Ganzheit wiederfinden und meinen ganz persönlichen Frühling entdecken. Ich suchte mir einen freien Platz, saß auf einer Bank unter einem Zitronenbaum und wartete. Dabei konnte ich nur an meinen übrig gebliebenen Verdruss über mein Zuspätkommen denken und daran, dass meine Schuhe echt unbequem waren. Das Ungemach mit meinen Schuhen führte mich zum Ungemach in meinem Leben.

Ich hatte gerade den Prozess der Suche nach einem erfüllenden Beruf durchlaufen; der Schmerz einer gescheiterten Beziehung und die tief greifende Trauer um den Verlust eines Elternteils kamen dazu. Was würde dem allen Wert verleihen? Ein besorgniserregender Gedanke schlich sich in meinen inneren Monolog: Was, wenn in all dem kein Sinn lag? Wenn ich einfach eine völlig herkömmliche Person mit einer ordentlichen Portion Pech zu einem bestimmten Zeitpunkt im Leben war? Was, wenn es kein vom Universum dirigiertes Happy End gab, sondern nur den Fortlauf mal mieser und einiger guter Tage? Was, wenn es nur Jahreszeiten und keinen ewigen Frühling gäbe?

Insgeheim hatte ich seit dem Tag, an dem mein Vater gestorben war, auf eine kosmische Belohnung gewartet. Jedes Mal, wenn ich zu einem Date ging, hatte ich eine Vorahnung, jedes

Mal, wenn ich mich um einen Job bewarb, jedes Mal, wenn ich ein Essay bei einem Magazin einreiche, dachte ich, dass dies mein großes Finale sein würde und ich, wenn ich eine bestimmte Anzahl an Tests bestanden hätte, schon sehen würde, welchen Schatz das Leben für mich bereithielt. Der Kosmos hatte die große Summe, die ich im letzten Jahr eingezahlt hatte, erhalten und in diesem Jahr stand mir eine ordentliche Auszahlung zu. Mit Zinsen.

Ich spazierte eine Weile durch Fridas Garten, sah die Wellen von Touristen anschwellen und brechen. Während ich auf meine Antworten wartete, beobachtete ich, wie herumstreunende Katzen an den Blumen schnupperten und ein Mann in einem Café, das mit tanzenden Skeletten dekoriert war, Kaffee trank. In der Zwischenzeit überlegte ich, Worin lag der Sinn hierherzukommen? Ich war mir nicht sicher, ob sich die Frage auf die Casa Azul in Mexico City oder meinen Platz im Leben bezog.

Den Menschen behagt es überhaupt nicht, wenn der Sinn im Leben fehlt. Deshalb beinhaltet jede Religion den Glauben an einen übergeordneten Plan für die Existenz jeder einzelnen Person. Selbst Menschen, die Religionen scheuen, legen ihr Vertrauen in die Astrologie oder das Universum und versuchen, eine Ablehnung als etwas, »das nicht sein sollte«, oder als etwas, das den Weg »für etwas noch Besseres« bereiten sollte, zu deuten. Das ist ein beruhigender Gedanke, bis man sich darin verstrickt, dass der Plan des Universums ziemlich viele Menschen scheitern lässt.

Der Nieselregen des Morgens wuchs sich zu einem Mittagsregen aus und ich tauchte in einem Café unter, um die Sintflut abzuwarten. In Fridas Leinen würde ich keine Antwort finden, so viel war klar. Ich kühlte mich ab und genoss meinen Espresso mehr als alles andere im Inneren des Hauses oder in den Gärten. Eine Stunde lang zeichnete ich in meinem Skizzenbuch und beobachtete, wie die Sonne endlich den Regen verschluckte. Die Blumen sahen aus, als kämen sie gerade aus der Waschanlage, doch das Laub triumphierte und war umso schöner. Ich überlegte, noch einmal in das Haus zu gehen und noch einen Moment mit dem Rollstuhl zu verbringen, doch die Pause hatte mich hungrig gemacht. Heute war nicht der Tag für Antworten, aber es war mit Sicherheit ein Tag für Tacos.

Ich schnappte mir mein Notizbuch und meine Tasche, wünschte dem Barista noch *buen dia* und lief durch das Haus zurück auf die Straße. Ich blickte die Straße entlang und sah über ihr eine Reihe bonbonfarbener Wimpel, die im frühlingshaften Nachmittagswind flatterten. Müde davon, Logik in einer unlogischen Stadt zu finden, steckte ich meinen Stadtplan ein und folgte stattdessen den Wimpeln.

MEXIKO CITY, MEXIKO

asymmetrischer Rucksack, gefunden auf der Suche nach einem Vintagekleid

Flan, gefunden auf der Suche nach einem Abendessen

Acai-Schüssel voller Träume, gefunden auf der Suche nach einer Wohnung

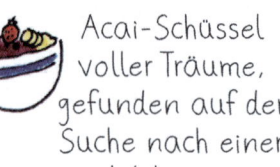

Wald, gefunden auf der Suche nach einem Schloss

Margarita, gefunden auf dem Dach bei der Suche nach meiner Acai-Schüssel

gut gekleidete Skelette, gefunden in einem Hinterhof auf der Suche nach Mittagessen und Acai-Schüssel

neuen Freund, gefunden auf der Suche nach Huevos Rancheros

Bachata-Club, gefunden auf der Suche nach einer Salsa-Bar

riesige Fahne, gefunden
auf der Suche nach einer
riesigen Kirche

Churros-Königreich, gefunden auf der
Suche nach einer traditionellen Tanz-
show in diesem herrlichen Theater

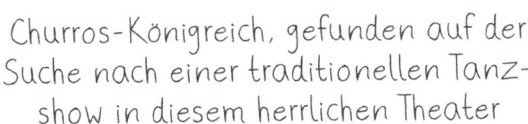

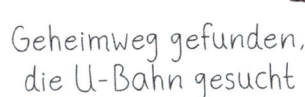

Geheimweg gefunden,
die U-Bahn gesucht

Weihnachtseinkaufszentrum, gefunden
auf der Suche nach Frida Kahlos Haus

Garage voller
hausgemachter Tortillas,
gefunden auf der Suche
nach den Schwimmenden
Gärten von Xochimilco

EMOTIONALER KATZENJAMMER

bei einem Job, den
man unbedingt
wollte, abgelehnt
werden

Ex beim Date
beobachten

mit einem
Freund streiten

Abendessen mit
einer verflossenen
Liebe

Ort besuchen,
wo man mal
gelebt hat

ein ergreifendes
Buch zu Ende lese

ENTTÄUSCHUNGEN: WO SEID IHR JETZT?

Die Universität, an der ich nicht aufgenommen wurde: Ich könnte eine coole Professorin, verheiratet mit einem Kennedy oder eine Anwältin mit Midlife-Crisis sein.

Der Job, den ich als Männerstylistin nicht bekommen habe: Vielleicht hätte ich mich zu Obamas Anzugberaterin hochgearbeitet oder ich hätte nach 2 Wochen gekündigt, weil ich das falsche Dunkelblau bestellt habe.

Der Surfer, der nach 5 Tagen mein Herz gebrochen hat: Vielleicht würden wir zusammen in Australien surfen oder er hätte sich als Macho entpuppt.

Die Schreibkurs in den Bergen, bei dem ich abgelehnt wurde: Vielleicht hätte ich dieses Buch in den Bergen geschrieben – statt in Spanien.

Der 1000-$-Schreib-wettbewerb in der Zeitschrift, den ich nicht gewonnen habe: Ich würde 1000 $ haben.

ABLEHNUNGEN

Art der Ablehnung	Methode der Ablehnung	So fühlt es sich an	Gegenmaßnahme
Liebe	Deine Textnachrichten bleiben unbeantwortet	als wärest du das menschliche Äquivalent zu der weggeworfenen Blume im Müll	>schweigend<. Danke ihm, dass er dich für jemanden freilässt, der alles an dir bezaubernd findet
Arbeit	Ein merkwürdiger Anruf	Deine Selbsteinschätzung war falsch	WEITERARBEITEN (nur so gewinnst du)
Freundschaft	ein langsames, trauriges Ausblenden	wie der Verlust einer Liebe	Lerne, dass du nicht jedem liegst, und das ist >OKAY<
eine Gelegenheit, die fantastisch gewesen wäre	ein freundlicher Brief	der Verlust einer alternativen Realität	Mach einen neuen Plan für die Zeit, die du mit der Gelegenheit verbracht hättest. Verbring sie gut.

Ablehnung fühlt sich an, als käme gleich der Abspann im Film deines Lebens, und dann stellst du fest, dass noch nicht mal die Hälfte vorbei ist.

Was für eine tolle Geschichte! Was für ein ermutigendes Ende! Moment – Überraschung ... was?

FRÜHLING

des guten Vorsatzes, der ohne schlechtes Gewissen und drückende Verpflichtungen auskommt. In einem Jahr entschied ich mich für das Wort »Erntedank«. Mit Ende zwanzig boten sich mir eine Reihe von Gelegenheiten zum Wachsen und ich erntete dieses Wachsen, indem ich davon zeichnete und darüber schrieb. Dieses spezielle Jahr war dazu da, die Ernte zu genießen. Ich nahm mir fest vor, die überbordende Jahreszeit meines Lebens, die ich nun endlich gefunden hatte, wertzuschätzen, zu teilen und zu genießen.

Spanien schien genau das richtige schöne Fleckchen Erde dafür zu sein. Ich würde ein paar Monate in Granada verbringen, einer Stadt, die ich durch das Googeln von »künstlerische Städte in Europa« ausgesucht hatte. Denn nachdem ich Künstlerin geworden war und das auch als meine wahre Identität akzeptiert hatte, wollte ich auch das Gefühl genießen, Künstlerin zu sein. Für mich bedeutete das, mich auf du und du mit freien Geistern zu bewegen und in den charmanten Cafés und Kellerbars Skizzen zu erstellen. In Granada würde ich zeichnen und lernen, Wände zu bemalen, und ich würde die Person sein, die ich schon immer hatte sein wollen.

Bevor ich Washington, D. C. verließ, kaufte ich mir ein Amulett in Form eines Granatapfels, der beim Öffnen eine Unmenge roter Edelsteine im Inneren freigab, die wie Samen aussehen. Es war mein ganz spezieller Glücksbringer für den Trip, abgestimmt auf diese süße Jahreszeit meines Lebens. Zu diesem Zeitpunkt wusste ich noch nicht, dass der Granatapfel ein Symbol für Granada ist.

Granada bedeutet »Granatapfel«! Sie waren überall, sogar auf Straßenlaternen oder Gullideckeln. Jedes Mal, wenn mich kleine Unannehmlichkeiten am Fremdsein frustrierten, fiel ich zurück in meinen eigentlichen Modus, dankbar zu sein. Ich lebte meinen Traum im entsprechenden Umfeld: Die Stadt war gesäumt von Zypressen, gesprenkelt mit Orangenbäumen, aus dekorativ bemalten Kacheln gebaut und, natürlich, mit Granatäpfel geschmückt. Meine größte Verantwortung lag darin, am Fluss entlang zum Flamencokurs zu laufen.

Ich bin dankbar, dass alles Süße süß ist, denn es ist endlich. Ich wälzte dieses Zitat von Anthony Doerr unablässig im Kopf herum, während ich meine vorübergehende Heimat erkundete. Granada wuchs mir rasch ans Herz und ich begann, über ihre Unbeständigkeit zu lamentieren. Ich wollte für immer an diesem Ort bleiben und ich wollte für immer in genau dieser Phase meines Lebens verharren.

Dann brach ich in der Hotellobby in einem kleinen Ort zusammen, wo ich ein großes Projekt beenden wollte. Meine Beine waren seltsam schwer und meine Hände kribbelten. Ich kam nicht hoch, also quiekte ich einen anderen Touristen an, ich müsse ins Krankenhaus. Fünf Tests und fünf Stunden später befand ich mich auf einer fünfundsiebzigminütigen Krankenwagenfahrt zurück nach Granada und in der einsamsten, beängstigendsten Nacht meines Lebens.

Am Abend waren meine Beine und Arme gelähmt. Ich war in den Notaufnahmewartesaal mit dreißig anderen Leuten geschoben worden, ohne WLAN, ohne jemanden, der mir ein Glas  Wasser bringen konnte, mir zur Toilette half oder mich irgendwie unterstützen konnte. Ich weinte stundenlang unter dem grellen Licht, ohne mir die Tränen wegwischen zu können.

Ein paar Tage zuvor war mein Fremdsein eine großartige Quelle für Illustrationen und lustige Geschichten gewesen. Aber nun war sie nur die Quelle Furcht einflößender Einsamkeit. Ich versuchte, eine Schwester zu fragen, ob sie mir helfen könne, meine Mutter anzurufen, und sie zuckte nur Achseln und lief davon; mein Spanisch genügte fürs Flirten und den Flamencokurs, aber in medizinischen Angelegenheiten versagte es. Ich rang verzweifelt um Schlaf, fürchtete aber gleichzeitig, dann zu verpassen, wenn mein Name aufgerufen werden würde. Der mir geliehene Rollstuhl tat meinem Rücken nicht sonderlich gut und ich konnte mich nicht länger aufsetzen. Schwestern kickten meine Habseligkeiten herum und mich schmerzte der plötzliche Verlust von allem.

Als ich in dieser Nacht schließlich einen Scan bekam, zeigte er extreme Nervenschädigung durch einen mysteriösen Virus. (Ein paar Tage später würden wir lernen, dass es sich um das Guillain-Barré-Syndrom handelte, dessen Ursachen unbekannt sind.) Der Neurologe erklärte mir stoisch, dass die Lähmung nicht dauerhaft sei, ich aber ein paar Wochen im Krankenhaus zubringen müsse. »Ein paar Wochen« klang nach einer so kurzen Zeitspanne, wie ich auf die Frage »Wie lange bist du in Granada?« geantwortet hatte. Als Antwort auf die Frage »Wie lange werde ich im Krankenhaus bleiben müssen?« fühlte es sich wie eine Ewigkeit an. Ein Hausmeister rollte mich in ein Gemeinschaftszimmer, wo ich es nicht ertrug, auf das wunderschöne, glitzernde Granada da draußen zu schauen. Die Angst vor dem Unbekannten war unerträglich, doch die Enttäuschung einer zu früh abgebrochenen Reise war schwerer zu ertragen.

Nach ein paar orientierungslosen Tagen fokussierte ich meine Energie darauf, mich selbst zu bemitleiden. Ich wollte die Schlafposition ohne die Hilfe von zwei Schwestern einnehmen. Ich wollte einen Löffel halten und Labello auftragen können. Ich wollte komplexe medizinische Updates auf Englisch. Ich wollte eine Instagram-Beschriftung tippen, ohne mich erschöpft zu fühlen. Ich wollte mit den Füßen wackeln. Aber vor allem wollte ich in der Welt anwesend sein, einfach nur Weltdinge tun wie einen Cappuccino kaufen und trinken. Einen Orangenbaum riechen. Entscheiden, welchen Weg ich einschlagen will, und dies dann auch tun.

Ich lernte schnell, dass diese Wahl ein Luxus ist und dass diese Wahlmöglichkeit größtenteils für das Vergnügen ausschlaggebend ist. Die Hälfte des Vergnügens, Parfüm aufzutragen, liegt darin, sich dafür zu entscheiden, eines auszusuchen, wo man es dann aufträgt und wie viel.

Mit der Botschaft »Du bist nicht dein Körper« konnte ich noch nie etwas anfangen. Ich mag meinen Körper und damit mich! Ich mag es, mich anzuziehen, Cocktails zu trinken, Churros zu essen, ein Bad zu nehmen, mich zu strecken, zu küssen und Parfüm auszusuchen. Aber mein Körper wurde zur Quelle von Schmerz und Frust. Manchmal war es so schmerzhaft, dass ich am liebsten amputiert worden wäre.

Der Schmerz war eine Form von Verrat, aber der Mangel an Kontrolle über mein physisches Aussehen war ein noch größerer Verrat. Ich wollte nicht mit nutzlosen Gliedmaßen, Klauenhänden, unordentlichen Haaren oder fehlendem Lippenstift assoziiert werden. Nichts an meinem Äußeren fühlte sich richtig an. Ich identifiziere mich normal selbst als »Autorin« oder »Tänzerin« oder »Croissantfan mit rotem Lippenstift«, bevor ich mich als »jemand, der laufen kann« oder »jemand, der geduscht hat« bezeichnen würde. Aber ich vermisste selbst diese grundlegenden Identitäten. Nichts an mir fühlte sich so an oder sah so aus wie die Person, die ich selbst mein ganzes Leben lang erschaffen hatte. Ich hatte so viel Mühe darauf verwandt, meinen eigenen Stil zu finden, meine Hobby, meine Karriere. Jetzt konnte ich noch nicht mal einen Stift halten.

Kann man sich immer noch »Autorin« nennen, wenn man seinen Vornamen nicht mehr schreiben kann?

Ich dachte über die Identität, die ich geschaffen hatte, nach und fragte mich, ob sie immer noch real sei. Ich dachte über meinen Vorsatz für das Jahr nach – Erntedank – und fragte mich, ob das immer noch real sei. Ich begriff, dass meine Identität und meine Vorsätze nicht für mich ausgewählt worden waren, sondern dass ich sie selbst gewählt hatte. Nach Wochen des Verfluchens der Ungerechtigkeit des Lebens und von allem, was mir genommen worden war, beschloss ich zurückzufordern, was mir gehörte.

In vielen Regionen der Welt stehen Granatäpfel für Überfluss. Auf Überfluss konzentrierte ich mich jetzt im Krankenhaus. Mein Leben ist hier nicht zu Ende, sagte ich mir. Auf vielerlei Art beginnt es hier. Meine Physiotherapeutin verriet mir, dass sie fast neidisch auf die Menschen sei, die sich von der Krankheit erholen. Ihr Glück erscheint so tief und ihre Perspektive ganzheitlich. Sie verlieben sich in Busfahrten und das Laufen zum Supermarkt und ins wiederholte Ausführen von Cardioübungen und doofe Aufgaben wie Müllwegbringen. Überfluss bedeutet mehr: mehr Glück, mehr Kreativität, mehr Abenteuer, mehr Leben einfach. In den optimistischeren Momenten im Krankenhaus wusste ich, dass diese Krankheit nur ein Schluckauf war und keine Einschränkung; so viel mehr wartete auf mich.

Als meine Physiotherapeutin meine Arme hob und sie langsam in verschiedene Richtungen dehnte, fühlte ich mich, als würde ich unter Wasser tanzen. Ich gab vor, eine Meerjungfrau zu sein, die Flamenco tanzte, und das war so nah dran, mich wie ich selbst zu fühlen, wie nur möglich. Ein paar Minuten lang konnte ich mich überzeugend Tänzerin nennen, obwohl ich meine Beine nicht bewegen konnte.

LEBEN IN 3 AKTEN

1. Pflanzen

2. Ernten

3. Genießen/teilen

Körper, Geist und Herz zu heilen ist kein linearer Prozess.

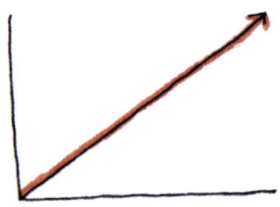

Du glaubst, es läuft so.

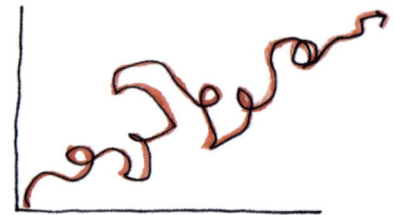

Es sieht aber eher so aus.

Andere mögen glauben, dass es dir gut geht, während du zu kämpfen hast.

Und manchmal lässt dich der Erklärungsversuch noch einsamer zurück.

L E N

Es fällt manchmal leicht, allein zu bleiben, wenn man sich unverstanden fühlt. Aber es gibt viele Boote, die dich zurück in die Welt bringen oder die Welt zu dir holen.

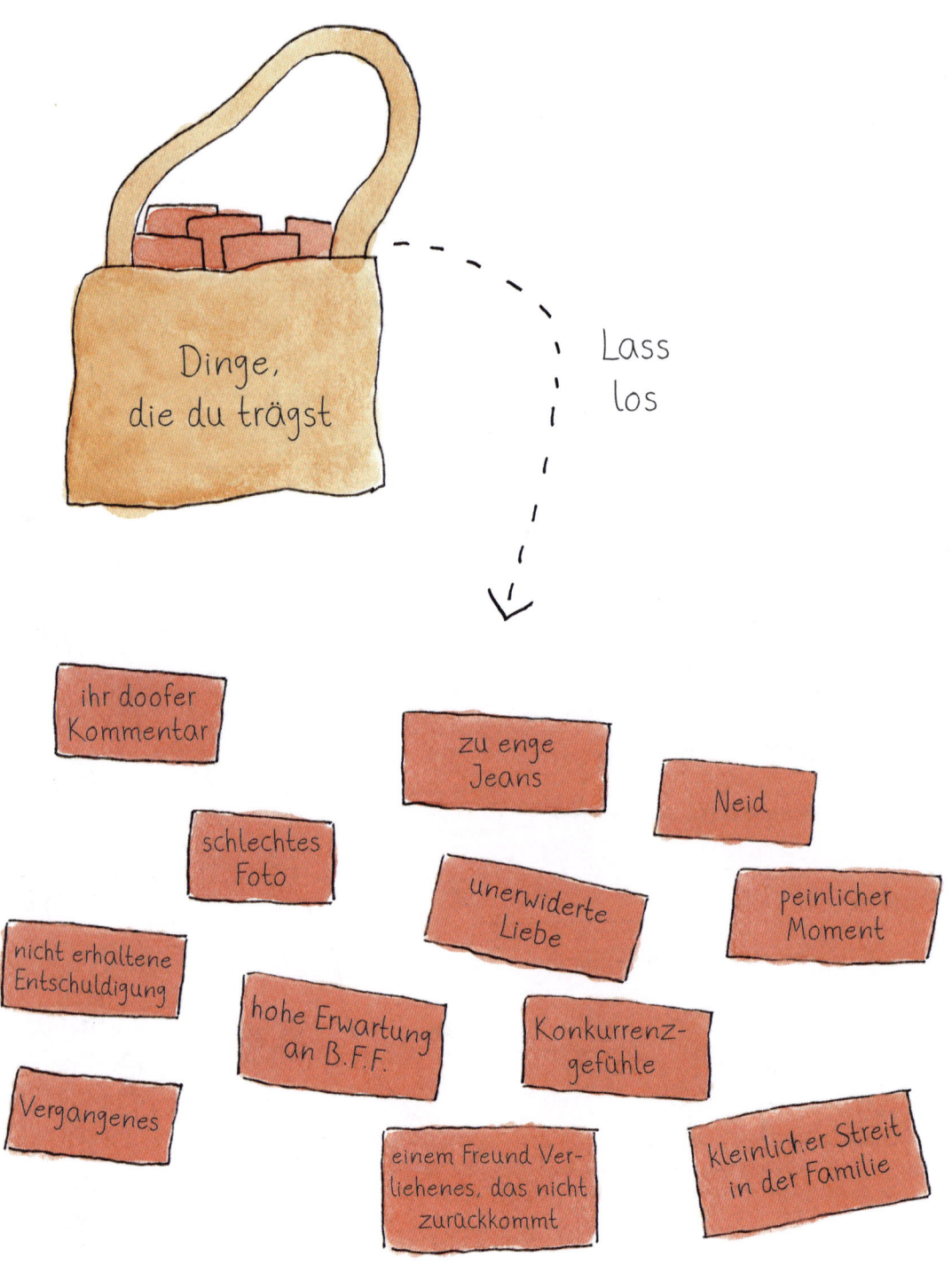

Dinge,
die du trägst

Lass los

ihr doofer Kommentar

zu enge Jeans

Neid

schlechtes Foto

unerwiderte Liebe

peinlicher Moment

nicht erhaltene Entschuldigung

hohe Erwartung an B.F.F.

Konkurrenz- gefühle

Vergangenes

einem Freund Ver- liehenes, das nicht zurückkommt

kleinlicher Streit in der Familie

VERGEBUNG

Seine Laune ändert sich nicht,
aber meine.

Kapitel 7

SICH SELBST ENTDECKEN

WACHSTUM

Verlust

Zurückweisung

Herzschmerz

Enttäuschung

Scheitern

Herausforderung

Ermutigung

WIE WERDE ICH ERWACHSEN

Bring deine Persönlichkeit ins Gleichgewicht

Bring deine Ernährung ins Gleichgewicht

Bring deinen Freundeskreis ins Gleichgewicht

Bring deine Einstellung ins Gleichgewicht

RISIKO WAGEN

Risiko	Mögliches Ergebnis	Schlimmstes Szenario
Allein zur Hochzeit	Solofotos perfekt für Profil-Pics	Das Netz ist mit Solotanzbilder gepflastert
Haare abschnippeln	Mit französischem Model verwechselt	Mit französischem Schuljungen verwechselt
Online Mitbewohner suchen	Einer ist Bäcker	Einer ist Tierpräparator
Einen neuen Kurs anfangen	Du bist die Erste, die Knoblauch beim ersten Mal richtig zerkleinert	Du bist die Erste, die beim Knoblauchschnippeln ein Feuer in der Küche auslöst
Neue Freunde finden	Sie laden dich auf einen Wein ein	Sie erwarten deine Hilfe beim Umzug

MEILENSTEINE

Als ich ein kleines Mädchen war, malte ich gerne die Einladungen für meine zukünftige Hochzeit und datierte sie auf das Jahr, in dem ich 28 Jahre alt sein würde. In der vierten Klasse dachte ich, dass 28 das perfekte Alter wäre, um zu heiraten, und diese Einstellung behielt ich bei, bis ich 27 war.

Doch anstatt mit 27 Jahren sesshaft zu werden, entdeckte ich meine Jugend. Während viele meiner Freunde anfingen, ihren Freitagabend zu Hause auf dem Sofa mit einem guten Film, Rotwein und einer Tafel Schokolade zu verbringen (mit zunehmendem Alter muss man halt auch mehr auf ein gesundes Herz achten), fand ich Gefallen daran, auszugehen und das Nachtleben zu genießen. Ich verabredete mich mit jedem, der mich auf der Tanzfläche nach meiner Telefonnummer fragte, und gab einen Großteil meines sehr mageren Gehaltes für Miniröcke und Konzertkarten aus. Meine Freunde, die ihre Clubbingerfahrungen während ihrer Unizeit gesammelt hatten, bescheinigten mir einen rückwärtsgewandten Alterungsprozess.

Das hörte sich plausibel an; früher zog ich mich gerne zurück und verbrachte meine Zeit lieber zu Hause. Plötzlich drohte der Gedanke an eine feste Beziehung, mich und meinen sorgenfreien Lebensstil zu ersticken, genauso wie die langweiligen Bürojobs meiner gleichaltrigen Freunde und Bekannten. Ich wähnte mich glücklich, dass ich an einem Dienstagabend ausgehen konnte und am nächsten Morgen um zwölf Uhr in der Boutique, in der ich arbeitete, auftauchen konnte, in der Hand einen grünen, frisch gepressten Saft, auf dessen Wirkung ich vertraute. Ich hatte so viel Spaß an meinen neuen Erfahrungen, dass ich zeitweise meine Suche nach dem Sinn des Lebens eingestellt hatte und stattdessen auf der Suche nach dem perfekten bauchfreien Top war. Ich hielt mein Gesicht in das Sonnenlicht und genoss die schönen Seiten des Lebens, gerade so wie eine der gut gewässerten Topfpflanzen, die auf den Stufen meiner Feuerleiter wohnten.

Als sich mein 28. Geburtstag näherte, fühlte ich nur einen sanften Schmerz und wünschte mir, dass ich einige Etappen in meinem Leben mit mehr Glitzersternchen hinter mich gebracht hätte oder weitere Meilensteine in meinem Leben bereits abgehakt wären. Dieser Schmerz ließ sehr schnell nach, als ein neuer Freund in mein Leben trat – ein hipper Grafikdesigner namens Alejandro, der mich zu so schicken Anlässen wie Kunstauktionen und Loftpartys mitnahm. Der Glanz der neuen Beziehung tauchte den Rest meines Lebens in ein romantisches Licht: Ich arbeitete nicht als Verkäuferin in einer Boutique, sondern arbeitete an meiner Karriere im Fashion Business, meine trostlose finanzielle Situation war dem Künstlerdasein geschuldet, und mein winziges Einzimmerappartment, möbliert mit abgelegten Einrichtungsgegenständen anderer und dekoriert mit knittrigen Konzertpostern, war bezaubernd. Ich verwechselte meine neu gefundene Jugend mit der Entschuldigung, ein kleines bisschen lächerlich sein zu dürfen, und meinen neu gefundenen Freund nahm ich als Entschuldigung dafür, die nicht so angenehmen Seiten meines Lebens zu vernachlässigen. Ich beobachtete ehrfürchtig seine Freunde, die alle in kreativen Jobs Karriere machten und in farblich aufeinander abgestimmten Wohneinheiten lebten. Und ich dachte, das kommt schon noch irgendwann in meinem Leben, und in der Zwischenzeit erfreue ich mich an seinem Retrosofa und den Kunstausstellungen anderer Leute.

Alejandro und ich trennten uns, eine Woche bevor mein Vater starb. Eine Woche später hatte ich einen Arzttermin für einen Routine-Check-up und erfuhr, dass ich mich einer kleineren Operation unterziehen musste, sechs Wochen Genesungszeit brauchen und dass es schmerzhaft sein würde. Es kam mir so vor, als sei ich gerade durch ein dünnes Sicherheitsnetz gefallen, das mich bisher vor dem Absturz geschützt hatte. Nun war ich unten, zwanzig Meter tief, in einem Schlammloch gelandet, aus dem ich mich mit eigener Muskelkraft nicht ans trockene Ufer ziehen konnte.

Im Morast wachsen die Lotusblumen. Jedenfalls sagten mir meine Freunde das, als ich ihnen berichtete, dass ich am Boden zerstört sei.

Am Abend nach meiner OP saß ich auf meinem Bett und sah mich in meinem Appartement um. Hier würde ich in den nächsten Wochen die meiste Zeit verbringen. Es störte mich, wie ausgefranst meine Poster aussahen. Ich hatte große Lust, einige Malutensilien auszupacken, die ich Monate zuvor gekauft, aber bisher nie benutzt hatte, da es in meinem Appartement einfach

nicht genug Platz zum Malen gab. Mein Appartement war der perfekte Platz, um nach einer durchtanzten Nacht einfach ins Bett zu fallen und durchzuschlafen, aber es war nicht der richtige Platz, um mein neues Leben zu beginnen.

Da ich aber in den kommenden Wochen sehr viel Zeit in der Wohnung verbringen würde und nicht wochenlang die Decke über den Kopf ziehen wollte, dachte ich über Tätigkeiten nach, die mir Spaß machen würden. Ich habe schon immer gerne gezeichnet, also wollte ich damit wieder mehr Zeit verbringen. Es wäre auch schön, auf der alten Gitarre meines Vaters Gitarre spielen zu lernen.

Außerdem beschloss ich, dass jetzt eine gute Zeit zum Kochenlernen wäre. Ich machte eine Liste mit den Arbeitsschritten, die vor mir lagen: (1) Bestelle ein Skizzenbuch. (2) Finde einen Gitarrenlehrer, der Hausbesuche macht. (3) Schau dir Kochvideos im Internet an.

Dann überlegte ich mir, wie ich die ideale Umgebung für meine neuen Hobbys schaffen konnte. Ich wollte schon immer ein Zweisitzersofa besitzen, also würde das meine nächste größere Anschaffung werden. Ich würde meine Poster rahmen lassen oder Gemälde und Kunstobjekte kaufen, die ich wirklich schön fand. Jetzt musste ich ja nicht mehr meinen arroganten Designerfreund mit erzwungenem Minimalismus beeindrucken. Wenn ich einige bunte Töpfe für meine Pflanzen und farbenfroh gemusterte Teller kaufen würde, bekäme meine Wohnung einen Hauch mexikanischen Urlaubflair, und warum sollte ich mich schließlich nicht immer so fühlen?

»Warum sollte ich mich nicht immerzu so fühlen wollen?«, war die Frage, die jede Kategorie meines Lebens zu durchdringen begann. Als ich erst mal die Entscheidung getroffen hatte, mein Appartement bunter und daher auch mehr »wie ich« zu gestalten, begann ich auch, andere, scheinbar kleinere Entscheidungen zu treffen, die aber weitreichende Auswirkungen auf meine Zufriedenheit hatten: Ich sagte alle Verabredungen ab, die sich wie Verpflichtungen anfühlten, ich machte nur Sportübungen, die sich nicht nach Bestrafung anfühlten, und erlaubte mir mehr spielerische Freiheit mit meiner Gesichtspflege am Abend, damit es sich eher wie eine Belohnung (und nicht wie eine lästige Pflicht) anfühlte.

Mit jeder Veränderung machte ich einen Schritt in Richtung meines eigenen Glücks und ich stärkte die Muskeln, die ich brauchte, um mich aus dem Loch, in dem ich festzustecken glaubte, herauszuziehen. Die Entscheidung, die mir die meiste Kraft gab, war, jeden Tag eine Illustration zu zeichnen und sie auf Instagram zu posten, um für etwas ganz alleine verantwortlich zu sein. Nachdem ich einen Monat lang mein kleines Projekt geheim gehalten hatte, weihte ich einige Freunde ein und fühlte mich erst recht verantwortlich dafür. Es kam vor, dass ich nachts um 23:55 Uhr nach Hause sprintete, um die mir selbst auferlegte Deadline bis Mitternacht einzuhalten, und es war jedes Mal der schönste Teil meines Tages. Meine Erfahrungen verarbeitete ich so auf eine einfache Art und Weise, aber es machte auch sehr viel Spaß – ich kolorierte meine Bleistiftzeichnungen mit leuchtenden Farben, während ich auf meinem neuen gelben Loveseat relaxte.

Nachdem ich einige Monate lang gezeichnet hatte, fuhr ich nach New York und bot meine Bilder das erste Mal bei einem Pop-up-Kunstmarkt an. Ich hatte das Gefühl, mit $10 für ein Original zu viel zu verlangen, aber Leute kauften meine Werke und lachten oft laut über sie (auf eine gute Art).

Zu Beginn gab ich jedem, der vorbeilief, eine unnötige Erklärung mit: »Ich bin keine richtige Künstlerin, ich mache das hier nur zum Spaß.« Am Ende des zweiten Tages hatte ich den Groß- teil meines Bestandes verkauft und hörte auf damit, mich dafür zu entschuldigen, dass ich nur eine Amateurin sei. Ich dachte darüber nach, was es heißt, ein richtiger Künstler zu sein, und es fiel mir ein, dass ein Künstler, per Definition, jemand ist, der Kunst macht. Denn das war auf jeden Fall das, was ich gerade tat, und ich verkaufte meine Kunst sogar in SoHo. Keiner meiner Kunden musste wissen, dass ich noch nie eine Kunstakademie von innen gesehen hatte. Es ging sie nichts an, dass meine Aquarellfarben eigentlich für Kinder gedacht waren und ich meine Pinsel für $3 in einem Drugstore gekauft hatte. Sie konnten mir nicht ansehen, dass ich mich vor Kurzem noch in einem Schlammloch befunden hatte und dass meine größte Leistung darin bestand, mich aus eigener Kraft aus diesem Morast befreit zu haben. Nun war ich durch diesen Prozess kreativer, neugieriger, produktiver und aktiver. Sie mochten allein das, was ich machte, genauso wie ich selbst meine Tätigkeit mochte.

An meinem 29. Geburtstag bemerkte ich plötzlich mit einem Lachen, dass ich meine Dead- line für meine eigene Hochzeit verpasst hatte. Diesen kleinen Ausreißer in meinem mir selbst auferlegten Plan zu haben war unglaublich befreiend. Mein Leben war überhaupt nicht so, wie ich es mir vorgestellt hatte, und das erlaubte es mir, die willkürlich aufgestellten Ziele des Er- wachsenwerdens abzuhaken und meinen eigenen Weg zu gehen, Tage und Abläufe zu gestalten und Prioritäten zu setzen, wie es mir gefällt. Ich brauchte mir die Coolness nicht länger von Ale- jandro auszuborgen oder Lebensweisen zu beneiden, die außerhalb meiner Reichweite lagen; ich war zu glücklich mit meinem Leben, um überhaupt daran zu denken.

In diesem Jahr malte ich eine andere Art Einladung: eine Einladung zu meiner ersten Kunst- ausstellung. Meine besten Freunde waren anwesend und ich trug ein kurzes weißes Kleid. Es gab Kuchen und liebe Freunde, Bekannte und Verwandte wünschten mir viel Glück. Ich hatte damit einen Meilenstein passiert, von dem ich nicht einmal gewusst hatte, dass es ihn gibt.

NEW YORK, NEW YORK

Zu Hause gefühlt

Meinen besten Freund getroffen

In Kunst verliebt

Erstes Sack-kleid gekauft (Ich hab mich nie erwachse-ner als in Hängekleidchen gefühlt)

HAMILTON

Inspiriert, Kunst zu schaffen

JAZZ

Sich als Film-figur in diesem versteckten Jazzklub fühlen

Date in edlem Lokal/Cocktail, der kein Wodka Tonic war

Liebesaffäre mit einer Stadt

TAXI

Verliebt sein

Begreifen, dass nur ich mich aus der Trauerzone holen kann

Orte, an denen ich erwachsen wurde – erste Male

Schlechter Geburtstag

Frau entdeckt, zu der ich gerne werden wollte

Essay geschrieben

Finde einen Typen, der Fotos von dir macht und sie mit #Göttin taggt

Zuck nicht, wenn jemand fragt, was du machst. Beschäftigung: aufstrebender Opernfan

Zielerstellung für Erwachsene

Finde eine stylische Freundin mit derselben Schuhgröße

ZIELE FÜRS

Teilt die Rechnung, ohne zwanghaft die Kreditkarten-Nr und den exakten Betrag auf die Rückseite zu vermerken

Halt etwas Lebendiges am Leben (außer Schimmel)

Interessier dich für Kokosöl

ZIELERSTELLUNG FÜR ERWACHSENE

LOSWERDEN $\longrightarrow$ TREFFEN

 Typ, der dich nach dem Musikgeschmack aburteilt

 Typ, der dir neue Musik zeigt

Tausch dieses Essen $\longrightarrow$ gegen dieses

ERWACHSENSEIN

Zuck nicht, wenn jemand
fragt, was du machst
Beschäftigung: aufstrebender
Opernfan

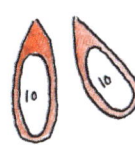

Finde einen Typen,
der Fotos von dir
macht und sie mit
#Göttin taggt

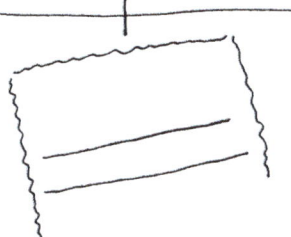

Finde eine stylische Freundin
mit derselben Schuhgröße

Loswerden ⟶ Investieren

Was nicht
richtig funk-
tioniert

Damit Aufga-
ben Spaß
machen

Nicht ausleihen ⟶ Ausleihen

Shampoo von
Mitbewohner

Als ich
so alt
war ...

Rat von
Älteren zum
Beruf

Aufhören
Anderen die Schuld zu ⟶
geben

Anfangen
Sachen selbst in die Hand zu
nehmen

Also, mein
Biolehrer aus der
6. ist irgendwie
dran schuld.

Zuerst
Therapie. Dann
ein Schnitzkurs!

Ein
Power-Outfit

Ein Kunstwerk

(auch selbst gemacht oder
von der Nichte im Auftrag
erstellt)

Ein Kraft
gebendes Lied

Auf einem
schwedischen
Hügel gekauft.

Ein Besitz
mit Geschichte

DIE
HABEN SOLLTEN

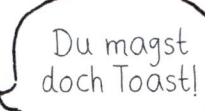

Ein für Gäste
perfektes Essen

Ein geliebtes
Kosmetikprodukt

Einen
eigenen Duft

Ein erreichbares
Ziel

FREUNDE,
DIE AUFGERÄUMT SIND

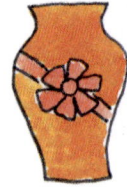

Kann selbst
merkwürdig geformte
Geschenke perfekt
verpacken

Ist Meister bei den
Accessoires

Weiß alles
als Erste

Hat nie
abgebrochene Nägel

Hat in der Mail-App
nie den roten Kreis

Hat nichts von
dem in der Tasche
rumschwimmen

ANATOMIE DER FRAU, DIE ICH SEIN MÖCHTE

in ungefähr 20 Jahren

Die perfekte Hautpflege

Befreiende Frisur

Nichtironische große blaue Brille

Endlich perfekte Lippenstiftfarbe

Schmuck von Reisen mitgebracht

Wiedererkennbarer Moschusduft

Die ganze Zeit gelassen

Armband von Kunstfreunden

Hier ist ein Schokocroissant drin

Viele Geschichten über Abenteuer, internationale Affären und ruhige, stille Morgen

Anziehende Nettigkeit
Belastbarer Geist
Spaßorientiert

Klasse Rock aus der schicken Boutique in Mexiko City

Beine, die viele Tänze kennen

Schuhe, die schön klackern beim Gehen

DEN PERSÖNLICHEN STIL FINDEN

1

Wenn du dabei bist, deinen persönlichen Stil zu entwickeln, ist es hilfreich,
daran zu denken, dass du bereits einen hast.

Persönlicher Stil besteht zu gleichen Teilen aus Geschmack und Funktion, und du hast auf jeden Fall schon mal Geschmack. Nenn mal ein paar deiner Lieblingsfilme, Bands und Kunstwerke. Siehst du? Geschmack. Aber Funktion ist der Teil, der weniger sexy ist – der Teil, der davon bestimmt wird, wo du arbeitest, wie du deine Zeit verbringst, in welcher Umgebung du gerne verweilst und wo deine Komfortschwelle liegt. Stil ist, wenn diese beiden Teile verschmelzen.

2

Es gibt einen großen Unterschied zwischen Mode und Stil.

Mode ist eine Kunstform, mit der bekanntermaßen nur schwer Schritt zu halten ist, denn Trends verändern sich mit jeder Saison. Dagegen wird Stil von lang anhaltenden Faktoren beeinflusst. Religion, Politik, Kultur und Subkultur, Wetter, Körperform, Beruf, Kindheit etc. beeinflussen Stil – alles Dinge, die die Modemagazine nicht diktieren.

Stelle Mode dem Stil gegenüber, indem du ihn mit dem Verzehr von Nahrungsmitteln vergleichst. Du isst jeden Tag; du ziehst jeden Tag Kleidung an. Es gibt Tage und einige Anlässe, an denen du dir mit den Mahlzeiten oder dem Outfit mehr Mühe gibst als andere. Einige Leute, süßlich-klebrig »Foodies« oder »Fashionistas« genannt, beschäftigen sich mehr mit Essen oder Mode als mit einem Hobby. Haute Couture ist wie eine Mahlzeit in einem Fünf-Sterne-Restaurant, welche Innovation und Können vereint. Ein Teller mit weich gekochten Wachteleiern und mit einer Beilage von Eiscreme aus flüssigem Stickstoff sieht sicherlich ganz köstlich aus

und zeugt von großer fachlicher Kompetenz, und genauso sehen viele Kleider und Anzüge auf dem Laufsteg nach großer Kunst aus. Jedoch spricht auch einiges für die Hotdog-Verkäufer, die Deli-Besitzer und Omas Kochkünste. Sie bereiten vielleicht nicht zukunftsweisende Gerichte zu, aber das Essen ist trotzdem köstlich und bedeutend. Ihr Essen ist vielleicht nicht modisch, aber es hat Stil. Es ist einzigartig in seiner Art und wird als etwas Besonderes erkannt. Man kann stylisch sein, ohne modisch zu sein. Wenn du erst einmal deinen persönlichen Stil gefunden hast, kannst du ihn auf all deine Lebensbereiche anwenden. Zum Beispiel:

3

Erweitere deinen Stilradius auf die Inneneinrichtung deiner Wohnung.

Bedingt durch Liebeskummer, Trauer und Krankheit, verbrachte ich viel Zeit in meinem Appartement – mehr Zeit als jemals zuvor. Das bedeutete, dass ich mich zusammenreißen und einen Wohnraum schaffen musste, in dem ich mich auch wirklich wohlfühlte. Ich steckte viel Arbeit hinein und druckte eine Menge alter Fotos aus und ersetzte meine Plastikbestecksammlung mit silbernem Essbesteck. Während ich in meiner Trauer meine Wohnung renovierte, erkannte ich, dass ich mein Leben meistern kann. Ich kann nicht immer alles kontrollieren, aber ich kann bestimmen, wie es auszusehen hat.

Gegenstände ziehen mich geradezu magisch an. Sie sprechen zu mir – sie lösen ein starkes Gefühl in mir aus oder bringen eine Erinnerung zurück. Egal, ob es um mein Outfit oder mein Appartement geht, man kann mir ein großes Kompliment mit der Aussage »Das erinnert mich an …« machen. Die Fähigkeit, in anderen Gefühle oder Nostalgie hervorzurufen, ist eine mystische Gabe, die man bewusst oder unbewusst üben sollte. Ich werde nie den Moment vergessen, als ein alter Mann mich während meiner Collegezeit auf der Straße anhielt und sagte: »Wow, genau so hat sich meine Mutter auch angezogen.« Es war ein großes Kompliment für mich, dass ich ihm so eine Erinnerung bescheren konnte.

Ich möchte, dass Menschen in meine Wohnung kommen und eine Art Déjà-vu haben, weil es sie an eine Reise, ihre Kindheit oder an eine Hotellobby in Miami erinnert. Ich will meine Wohnung betreten und mich von den Dingen, die ich liebe, umgeben wissen.

Da ich das Reisen liebe, machte es einfach Sinn, diese Erfahrungen auch in die Dekoration meiner Wohnung einfließen zu lassen. Zum Beispiel versuche ich, sooft es geht, auf meiner Feuerleiter zu essen, da ich sehr viele glückliche Erinnerungen mit dem Essen in der Natur, irgendwo draußen oder auch nur unter einer bunten Lichterkette verbinde. Außerdem wollte ich meiner Küche den Look der Küchen geben, die ich in fernen Ländern kennen- und lieben gelernt hatte – meine Küchenecken sind daher bevölkert von einem Mischmasch aus Keramikkännchen, bunten Espressokannen, nicht zueinander passenden Gläsern, hell zitronengelben Tellern und Ornamenten von kleinen Inseldörfern und unkonventionellen Wahrzeichen. Ich kann nicht jeden Tag verreisen, aber ich kann meine Wohnung mit Gegenständen füllen, die in mir täglich aufs Neue diese Art von Neugier, Entdeckungsgeist und Fröhlichkeit auslösen.

4

Sammle Kunst, die du wirklich liebst.

Ein paar Wort zu meiner Kunst. Ich besitze Kunst. Drei Kunstwerke. Na ja, zweieinhalb, kommt darauf an, wie man Kunst definiert. Also, was ist Kunst?

a. Nach einer ganz besonders anstrengenden Operation, in deren Verlauf einige verdächtige Zellen aus meinem Gebärmutterhals herausoperiert wurden, lief ich ziemlich verwirrt durch Washington, D. C. und entdeckte das Porträtbild einer spanischen Tänzerin in einem Trödelladen. Diese Tänzerin ist jetzt meine Mitbewohnerin und mein Vorbild. Sie erinnert mich daran, dass Frauen so viel Schmerz ertragen müssen und dass uns dies mit Haltung und innerer Stärke gelingt. Dafür sind wir Frauen mit Intuition, Empathie und Sinnlichkeit ausgestattet.

b. Ich habe eine Sammlerausgabe eines Posters für eine Miró-Kunstausstellung in Paris 1974 gekauft. Am besten gefällt mir an dem Poster, dass es mit dem falschen Wochentag gedruckt wurde, und jemand musste das Wort Samedi (Samstag) überkleben und mit Lundi (Montag) ersetzen. Ich denke gerne an die Person, die im Jahr 1974 wahrscheinlich gedacht hat, sie oder er habe einen riesigen Fehler gemacht, aber sieh her: Hier sitze ich in der Zukunft und niemand erinnert sich mehr an diesen Fehler, nur ich erfreue mich jeden Tag daran.

c. Auf einem Regal habe ich ein Paar neonfarbener Acrylwürfel stehen. Sie beschwören Erinnerungen herauf. Sie erinnern mich an eine Million verschiedener Dinge, aber am meisten erinnern sie mich an reiche Leute von der West Coast in den 90ern, die orangefarbene Blazer

a.

b.

c.

trugen und unter grellbunten Lucite-Schriftzügen herumsaßen. Ich denke, diese Würfel sind unglaublich stylisch, genauso wie ein Jumpsuit in grellem Pink oder riesige Creolen absolut stylisch sind; in derselben Art wie Grace Jones, Prinzessin Diana, Whitney Houston und David Bowie unglaublich stylisch waren. Sie stellen die hellpinkfarbenen Schulterpolster der Bildhauerkunst dar, und ich liebe es, wie sie im Kontrast stehen zu dem Rest meiner unkonventionellen Trödel-meets-Künstlermarkt-Wohnungseinrichtung. Das ist so, als wäre Prince in einem Quelle-Katalog abgebildet. Die Würfel verschaffen meinem Appartement die nötige Portion poppiger Exzentrik.

5

Kaufe nur Sachen, die du wirklich schön findest.

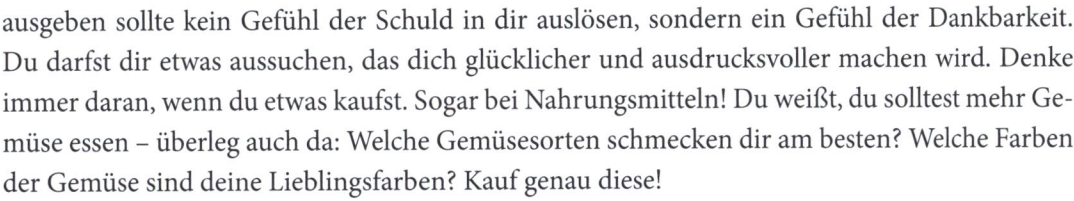

Geld ausgeben ist doof, denn dann hast du weniger Geld übrig als vorher. Man kann das aber auch anders sehen: Du legst das Geld in Dinge an, die dir am Herzen liegen und die du weiterentwickeln und pflegen kannst. Geldausgeben sollte kein Gefühl der Schuld in dir auslösen, sondern ein Gefühl der Dankbarkeit. Du darfst dir etwas aussuchen, das dich glücklicher und ausdrucksvoller machen wird. Denke immer daran, wenn du etwas kaufst. Sogar bei Nahrungsmitteln! Du weißt, du solltest mehr Gemüse essen – überleg auch da: Welche Gemüsesorten schmecken dir am besten? Welche Farben der Gemüse sind deine Lieblingsfarben? Kauf genau diese!

Wenn du einen Wintermantel brauchst, aber eigentlich gar keinen haben möchtest, dann recherchiere genau nach, welche Art von Mantel dir wirklich gut gefällt. Jedes Mal, wenn du diesen Mantel ansiehst, sollte er bei dir eine Art elektrisierendes Gefühl auslösen – sei es die Farbe oder das Design oder das Gefühl, das du hast, wenn du deine Hände in die Satin gefütterten Taschen steckst. Einkaufen sollte niemals eine Pflicht sein; es sollte immer eine wahre Freude sein und als unglaubliches Privileg erachtet werden. Manchmal ist es halt einfach nur funktional, nun gut, aber selbst eine funktionale Aufgabe kann dir Freude bereiten.

PERSÖNLICHE ERNÄHRUNGSPYRAMIDE

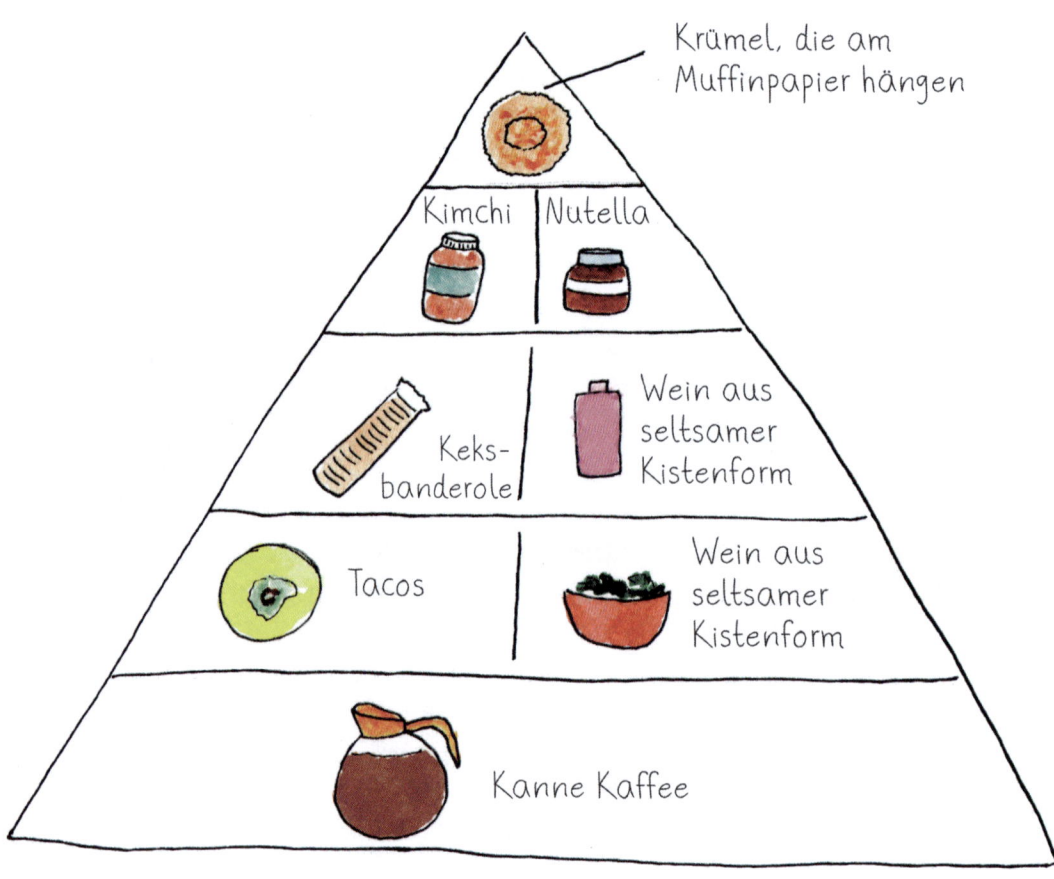

Krümel, die am Muffinpapier hängen

Kimchi

Nutella

Keks-banderole

Wein aus seltsamer Kistenform

Tacos

Wein aus seltsamer Kistenform

Kanne Kaffee

SPANNBREITE DER BEFINDLICHKEIT BEIM TRAINING

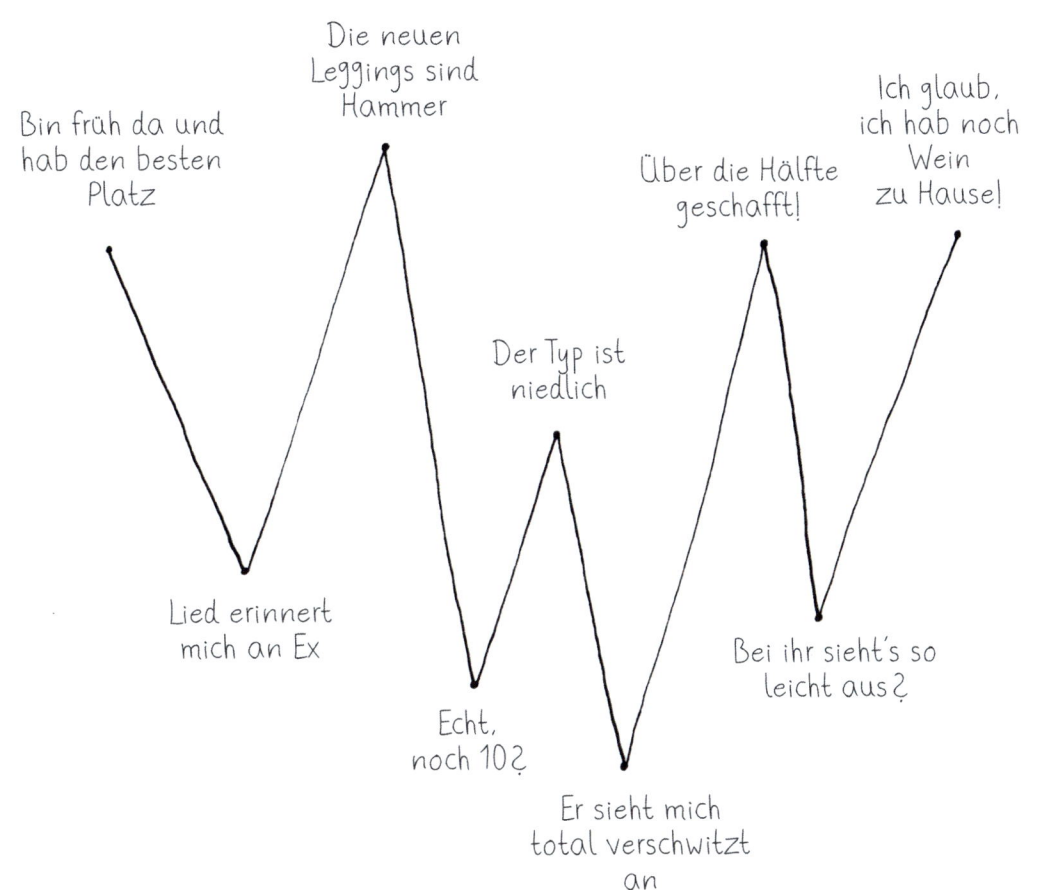

Bin früh da und hab den besten Platz

Die neuen Leggings sind Hammer

Ich glaub, ich hab noch Wein zu Hause!

Über die Hälfte geschafft!

Der Typ ist niedlich

Lied erinnert mich an Ex

Bei ihr sieht's so leicht aus?

Echt, noch 10?

Er sieht mich total verschwitzt an

BEISPIEL MONATLICHE AUSGABEN

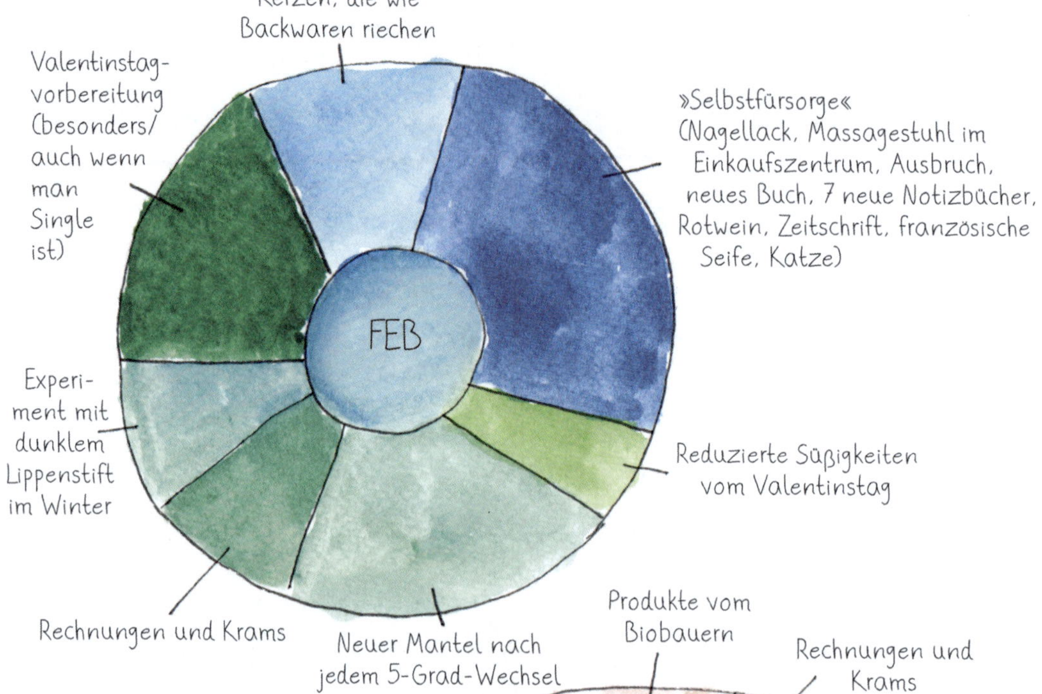

Kerzen, die wie
Backwaren riechen

Valentinstag-
vorbereitung
(besonders/
auch wenn
man
Single
ist)

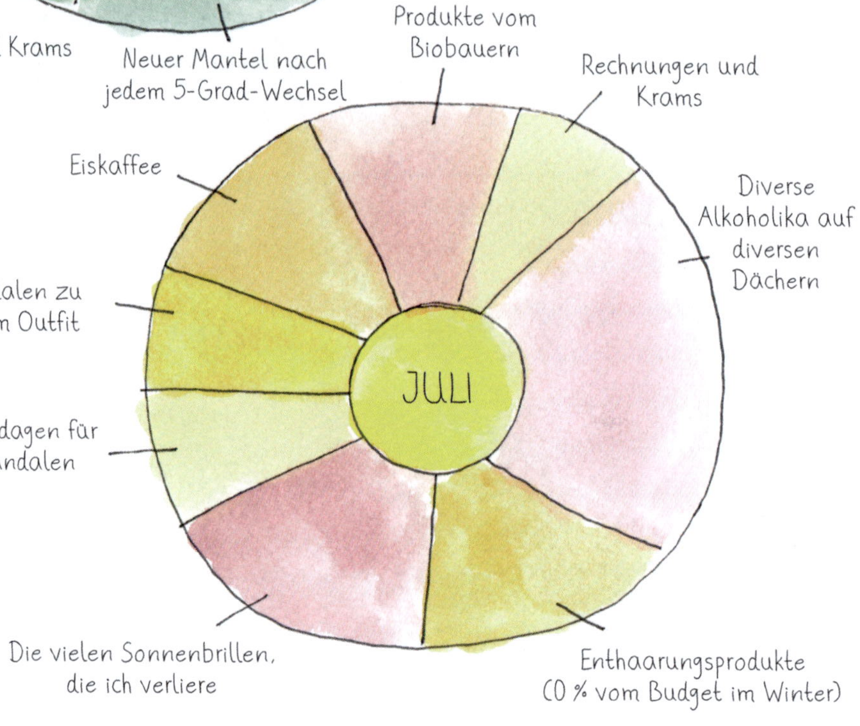

»Selbstfürsorge«
(Nagellack, Massagestuhl im
Einkaufszentrum, Ausbruch,
neues Buch, 7 neue Notizbücher,
Rotwein, Zeitschrift, französische
Seife, Katze)

Experi-
ment mit
dunklem
Lippenstift
im Winter

FEB

Reduzierte Süßigkeiten
vom Valentinstag

Rechnungen und Krams

Neuer Mantel nach
jedem 5-Grad-Wechsel

Produkte vom
Biobauern

Rechnungen und
Krams

Eiskaffee

Diverse
Alkoholika auf
diversen
Dächern

Sandalen zu
jedem Outfit

JULI

Bandagen für
Sandalen

Die vielen Sonnenbrillen,
die ich verliere

Enthaarungsprodukte
(0 % vom Budget im Winter)

ICH EMPFEHLE EINEN
MONATLICHEN DAUERAUFTRAG.

OFFENE REITER/TABS

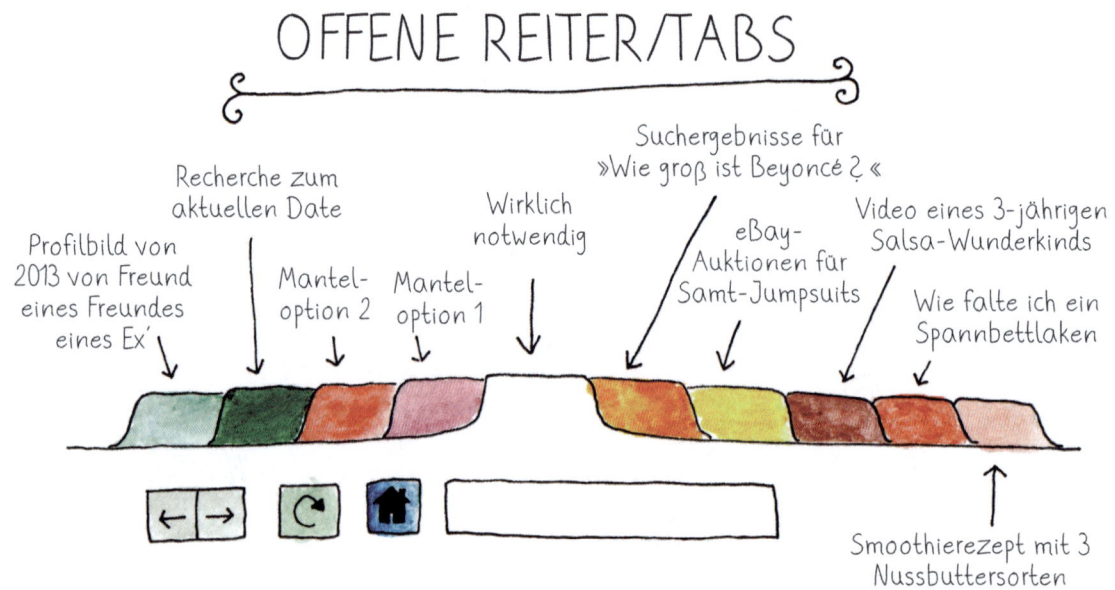

Profilbild von 2013 von Freund eines Freundes eines Ex´

Recherche zum aktuellen Date

Mantel-option 2

Mantel-option 1

Wirklich notwendig

Suchergebnisse für »Wie groß ist Beyoncé?«

eBay-Auktionen für Samt-Jumpsuits

Video eines 3-jährigen Salsa-Wunderkinds

Wie falte ich ein Spannbettlaken

Smoothierezept mit 3 Nussbuttersorten

Fähigkeiten, die ich gerne zu
meinem Lebenslauf hinzufügen würde

JOBSUCHE

* Teamarbeit: effektiver Einsatz von Gruppentexten,
   um Outfits für Dates zu planen

* Stressmanagement: kann Lippenstift unter
   Beobachtung auftragen

* Multitasking: interessiert sich gleichzeitig für Reality
   TV und aktuelles Weltgeschehen

* Anpassungsfähigkeit: ändert schnell Essens-
   bestellung, wenn Freund das Gleiche wählt

* Zeitmanagement: kann Duschergebnisse effektiv
   innerhalb von 1 Minute mit Trockenshampoo
   erzielen

* Eigenständigkeit: hat Schal im Urlaub in
   Strandverhüllung verwandelt

* Eventplanung: Schau dir einfach die Bilder von
   meiner Geburtstagsparty zum 26. an

Kapitel 8

SICH SELBST FINDEN

IDENTITÄT,
WENN'S NACH ANDEREN GEHT

Person in meinem Leben	Wie sie mich sehen
Arbeitskollegin	Die mit den Glitzerstrümpfen
Tarot-Lese-Bekanntschaft	Die klassische Waage
Barista	Einen Doppelten auf Eis
Tinder-Treff	Die, die unablässig über eine Waldoku redet
Ex	Besitzergreifend, macht tolle Geschenke
Mama	Voller Potenzial
Freundeskreis	Die mit den Snacks

WAS DEINE
IDENTITÄT PRÄGT

Eltern
Mehr, als man
zugeben mag

All die coolen
Fremden im Bus

Ein Sondersendung, die
hängen geblieben ist

Du bist Miami!
Quiz »Welche Stadt
bist du?«

Lieder auf deiner
ersten Mix-CD

Die Person auf dem
Poster in deinem
Jugendzimmer

Sich selbst finden = sich selbst erschaffen

INSPIRATIONEN

Liebe   ➝   Paar, das gemeinsam
Kochshow moderiert

Wir lieben Wein und uns!

Kreativität   ➝

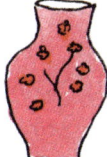

Kunst auf
antiken
Vasen

Leben   ➝   Tilda Swinton als Konzept

Herbstmode   ➝   Figuren von
Edward Gorey

Karriere   ➝   mächtiger 80er-Jahre-Boss
mit Schulterpolstern und
asymmetrischer Dauerwelle

DAZUGEHÖREN

Seit ich in Rio angekommen war, wollte ich meinen Mitbewohner küssen. Wir wohnten zusammen in einer rosafarbenen Villa auf einem Hügel in einem vormaligen Slumviertel Rios, das jetzt von den Hipstern bevölkert war. Die Villa gehörte einem Künstlerehepaar, das Farbspritzer auf all ihren Kleidungsstücken hatte.

Genau genommen hatte ich von dem Moment meiner Ankunft in Rio an jemanden küssen wollen. Mein Aufenthalt fiel direkt in den südamerikanischen Winter, eine wunderschöne Zeit des Jahres, muss man sagen. Am Morgen war es kalt genug für heißen Kaffee und dicke Socken, aber am Nachmittag war es dann warm genug für bauchfreie Tops und Schüsselchen mit gefrorenen Acai-Beeren. Ich aß jeden Morgen Obst in der Küche und hörte Bossa-Nova-Musik im Radio und beobachtete jeden Abend den Sonnenuntergang im Meer. Vielleicht ist Rio so sexy, weil jeder in die Stadt verliebt ist; und dann projiziert man seine Gefühle auf den Menschen, der einem am nächsten ist.

Es war der Tag der Abreise meines Mitbewohners und er schlug vor, ein Taxi zu nehmen, mit dem wir auf einen Berg fuhren, um einen Blick auf die Stadt werfen zu können, bevor er abflog. Er war Architekt, aus New York und kritzelte ständig Notizen in ein kleines schwarzes Moleskineheft. Genau der Typ von mysteriös-brütendem Mann also, die ich in den US zurücklassen wollte, um den offenherzigen brasilianischen Männern eine Chance zu geben. Aber Rio hatte diesen *joie de vivre* hervorgebracht und wir tauschten Tipps über Tanzstraßenfeste, versteckte Höhlen, in denen die beste Livemusik wummerte, und die billigsten Strandcocktails.

Das Taxi wand sich durch die Straßen unserer Nachbarschaft, einen hügeligen Dschungel aus Mauern, verziert mit Malereien, und Villen, die in billige Appartements aufgeteilt waren, in denen die Musiker lebten, die nachts die Straßen mit spontanen Jamsessions und Partys zum Leben erweckten. Der Fahrer setzte uns an der Bergkuppe ab – an einem Helikopterlandeplatz ohne Geländer oder eine andere Art der Absperrung. An den Rändern ging es steil bergab, mir wurde ganz schwindelig beim Runterschauen. Aber es gab keinen schöneren Aussichtspunkt in ganz Rio und wir hatten ihn ganz für uns alleine.

Wir saßen am Abhang, unsere Füße baumelten über dem Meer. Wir waren still, als säßen wir in einem Museum, und betrachteten respektvoll das Kunstwerk vor uns. »Diese Kondore sind wunderschön – schau nur«, sagte der Architekt, nachdem er einige Minutenlang auf das Betrachten des Wassers, des Himmels und der uns umgebenden Berge verwandt hatte.

»Oh, sind da welche?«, fragte ich zurück. »Ich hätte sie beinah mit Aasgeiern verwechselt. Moment – sind Kondore mit Aasgeiern verwandt?«

»Ich glaube, sie sind elegante Aasgeier.« Sie flogen ähnlich tief liegend wie Geier, wirkten aber nicht so geheimnisvoll, sondern als wären sie auf einem morgendlichen Ausflug. »Sie sind so …«, sagte ich wie hypnotisiert.

»Majestätisch«, vollendete er.

»Was ist nur mit diesen Vögeln?«, wunderte ich mich laut. »Sind sie wirklich hässlich? Oder verwechsle ich das mit Albatrossen?«

»Sie verhalten sich an Land etwas unbeholfen – sie haben Schwierigkeiten beim Laufen.«

»Oh, ja, genau, sie sind wirklich ungeschickt, nicht wahr?«

»Genau, aber in der Luft sind sie … einfach atemberaubend – Geschöpfe, die den Himmel beherrschen.«

Unter uns glitzerte Guanabara Bay wie eine Million kleiner Saphire und nichts an seiner Aussage erschien mir aufgesetzt oder gestelzt. Wir bewegten uns sehr vorsichtig durch unser Gespräch, ganz so, als ob wir die Schönheit, die uns umgab, nicht stören wollten. Wir sprachen in Versform, in Metaphern, in Abstraktem. Wir offenbarten die Poetik, die wir in uns trugen, zwischen langem und bedeutungsvollem Schweigen.

»Ich denke, ich bin ein Kondor.« Ich unterbrach die Stille ein wenig zu ernsthaft.

Mir gefiel die Idee einer Kreatur, deren Fähigkeiten zu Lande unbrauchbar sind, aber im Flug, in der Luft unvorstellbar majestätisch wirken. Ich hatte immer den Eindruck, dass viele meiner Unsicherheiten verschwanden, wenn ich auf Reisen war, und die Dinge, über die ich am meisten verunsichert war, halfen mir dabei, eine bessere Reisende zu werden. Mein schwer auszusprechender Name, der in jedem anderen Land als Amerika Sinn ergab, meine Unabhängigkeit, waren eher ein großer Vorteil statt etwas, das mich von anderen isolierte. Mein exzentrischer Kleidungsstil gab mir Tarnung und mein schneller Gang vermittelte eher den Eindruck der Durchsetzungsfähigkeit und der Zugehörigkeit als der Aggression.

Die Abflugzeit des Architekten rückte näher; er sah auf seine Uhr und blickte mich mit einem Zögern an, das ich als Verlangen deutete.

»Musst du aufbrechen?«

Er nickte.

Wir sahen uns eine Weile lang an und ich unterbrach den Blickkontakt, indem ich eine Frage stellte, auf die ich die Antwort bereits kannte. »Bist du traurig, dass du abreisen musst?« »Total traurig. Aber ich bin richtig froh, dass ich dich getroffen habe.« Er legte seine Hand auf mein Knie. Diesen Blick kannte ich: der Blick, der jeglichen Datinghorror und unschöne erste Verabredungen plötzlich wettmacht. Der Blick, den du nur einmal von einer anderen Person bekommst, denn nach dem ersten Kuss kann man diesen Blick nicht wiederholen.

Ich stellte mir einen Kondor vor, wie er das erste Mal fliegt. Sicherlich sind sie irrsinnig ungeschickt in ihrer Jugend, stolpern in dem Nest herum, in dem sie aufgezogen werden, und fallen ständig über ihre eigenen Füße. Ist das das wahre Leben?, fragen sie sich vielleicht manchmal selbst. Dann, eines Tages, ohne dass sie es bemerken, bewegen sie intuitiv ihre Schwingen und ihre Flügel breiten sich aus. Der Wind trägt sie in den Himmel und sie gleiten triumphierend über das bisschen Erde und Dreck hinweg, das bis dahin ihre ganze Welt darstellte.

Oh, das ist der Sinn meines Daseins. So fühlt sich das Leben wirklich an, denken die jungen Kondore.

Gefangen in Liebeskummer und Trauer, hatte ich nicht gewusst, wie mein Leben weitergehen sollte. Ich hatte mich so lange an den Graben gebunden gefühlt, dass ich nicht fähig war, mir vorzustellen, wie er wohl von oben betrachtet aussehen würde. Es gab Zeiten, da dachte ich, ich würde es niemals herausschaffen, und ich hatte mich schon ans Stolpern und ständige Hinfallen gewöhnt. Es fühlte sich nicht so an, als sollte mein Leben so sein, aber das war zu diesem Zeitpunkt nun mal mein Leben. Und ich akzeptierte das.

Mit der Zeit aber wurde ich stärker und entwickelte mich in eine weitere Version meiner selbst. Ich baute neue Muskeln auf, eine neue Art, mich in der Welt zu bewegen. Meine Kreativität, meine Widerstandsfähigkeit und mein Mut waren gewachsen und größer geworden. All dieses Wachstum machte es mir möglich, eine neue Art der romantischen Liebe zu fühlen und zuzulassen – eine, in der ich mir weit weniger Sorgen darum machte, ob ich es wert sei, von ihm geliebt zu werden, sondern ob er es wert sei, von mir geliebt zu werden.

Als ich mit dem Architekten auf dem Berggipfel saß, gehörte ich zu ihm, gehörte ich zu Brasilien, gehörte ich zu der endlosen Weite des Himmels. Oh, das ist der Sinn meines Daseins, deshalb bin ich am Leben.

Er hatte noch eine Stunde bis zum Abflug, legte aber seinen Arm um mich und wir entspannten uns auf unserem Hochsitz. Ich flog höher als die Wolken.

RIO DE JANEIRO, BRASILIEN

Verliebt in
Käsebrot

Verliebt in flamingo-
pinkes Anwesen

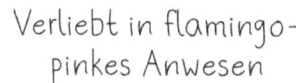

Verliebt in den
Geruch von
Tropenregen

Verliebt in den
Anblick dieses
Bergs vom
Strand aus

Verliebt in heiße
pinke Blumen

Verliebt in das in
Pappbechern auf der
Straße verkaufte Acai

Verliebt in dieses
Kleid aus der Boutique
in Ipanema

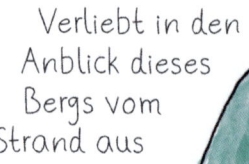

Verliebt in den Snacks
und Rucksäcke klauenden
Stadtaffen

Verliebt in den Samba –
selbst alte Damen tanzen ihn!

SAMBA

PADEIRO

Verliebt in die magische
Nachbarschaft von Santa Teresa

Verliebt in das Meeresschimmern
bei Sonnenuntergang

PERFEKTE LIEBE

VERABREDUNG MIT DIR SELBST

Trag dunklen
Lippenstift und bestell
den zweitteuersten Wein
auf der Karte

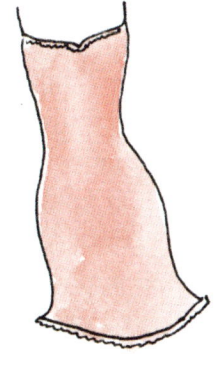

Kauf ein Nachthemd
für romantische
Abende zu Hause

Wähl eine Serie mit
7 Staffeln und schau
jeden Abend

Leg so viel Parfüm
auf, wie du willst

Erkenne, wie viel du
alleine stemmen
kannst

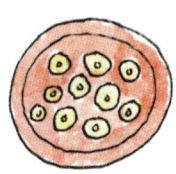

Bestell, was
sonst niemand mit
dir teilen will

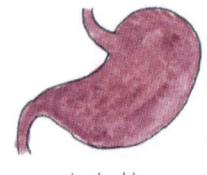

Herz   Gehirn   Instinkt

ANATOMIE EINER ERWACHSENEN

In meinen Zwanzigern machte ich am laufenden Band neueLebenserfahrungen und lernte dazu; manche dieser Erfahrungen machten mehr Spaß als andere. Zum Beispiel lernte ich, wie man Lippenstift aufträgt. Ich lernte New York viel besser kennen. Ich studierte das Berliner U-Bahn-Netz und lernte auf Deutsch den Satz: »Entschuldigung, wo kann man hier tanzen gehen?« Ich optimierte meine Sneaker-Sammlung und fand genau die richtige dunkelrote Haarfarbe, die ich schon immer für den ultimativen Königinneneffekt haben wollte.

―――――――――

Und dann gab es noch die anderen Lektionen. Für diese brauchte ich etwas mehr Zeit:

1

―――

Gewöhne dich an Liebeskummer.

Du kennst ihn bereits. Und du wirst ihn wieder haben. Liebeskummer ist ein kleiner Preis, den wir dafür zahlen, dass wir ein paar wertvolle Jahrzehnte auf dieser Welt verbringen dürfen. Lass dich durch die Angst vor einem gebrochenen Herzen niemals davon abhalten, diese eine SMS zu senden, die Worte als Erster zu sagen, es wieder zu probieren oder auch loszulassen.

2

―――

In Krisenzeiten: Sei immer bereit, für dich und andere einzustehen.

Die meisten Menschen, mich eingeschlossen, wissen nicht, was sie tun sollen, wenn andere in einer Krise stecken. Es fühlt sich verwirrend und riskant an, wenn man jemandem helfen will, dessen Leben gerade auf unübliche Weise durcheinandergewirbelt wird. Die Angst besteht natürlich darin, dass man denkt: »Ich weiß nicht, was ich sagen soll.« Also bleibt man stumm. Du weißt nicht, was du tun sollst, also machst du gar nichts. Ich verstehe das, ich mache das auch, alle reagieren so.

Dieses Jahr habe ich aber gelernt, wie gut es sich anfühlt, wenn Leute ihre eigene Verletzbarkeit riskieren und dich auffangen, wenn es dir richtig schlecht geht. Auf einer Party traf ich ein Mädchen namens Rachel. Wir unterhielten uns kurz, sagten: »Nett, dich kennenzulernen«, tauschten urkomische Onlinedatinggeschichten aus, lachten mit Wein in Plastikbechern in der Hand – und das war auch schon alles. Einen Monat später hörte sie von einem gemeinsamen Freund von dem Feuer in meinem Appartement und schickte mir Blumen und selbst gebackene Brownies. Die Geste bedeutete die Welt für mich. Wahrscheinlich hat sie davor gezögert und gedacht: Das kommt bestimmt total seltsam an, wir kennen uns ja gar nicht richtig, aber sie hat sich trotzdem für diese überaus liebenswürdige Geste entschieden. Ich werde das niemals vergessen. Und genau aus diesem Grund möchte ich eine mutigere und großzügigere Freundin und Bekannte sein.

Lektion gelernt: Es ist niemals falsch, etwas wirklich Nettes zu tun.

3

Finde deine Grenze.

Das habe ich beim Yoga gelernt. Wenn wir in einer bestimmten Haltung balancieren, werden wir dazu ermutigt, uns so weit wie möglich nach vorne zu strecken oder so hoch wie möglich oder so weit nach unten wie möglich, bevor wir das Gefühl haben, die Balance zu verlieren und umzufallen. Nur dann lernen wir, wo unsere Grenze ist. Wenn wir nicht vornüberfallen, wissen wir nicht, wie weit wir hätten gehen können. Wenn du nicht herumwackelst und auf den Kopf fällst, dann kannst du nur raten, wo deine Grenze liegt, und sie ist fast immer weiter weg, als du denkst.

Ich habe mit 28 sehr viel über meine Grenzen gelernt. Bis zu einem bestimmten Punkt kann ich sehr viel ertragen und verarbeiten. Ich habe einige dieser Punkte gefunden. In meinem Job, in meinen Beziehungen, sogar in meinen Outfits (Paisley ist meine Grenze!).

Beim Yoga gibt es einen Unterschied, ob du dich weiter dehnst oder dich verletzt. Vor ein paar Jahren bewarb ich mich auf eine Stelle, die ich wirklich wollte. Die Einstellungsgespräche zogen sich über Monate hin und waren sehr aufreibend für meine sensible Seele. Es gab Momente während der Interviews, die auf eine gute Art herausfordernd waren: Ich musste selbstbewusst sein wie nie zuvor. Aber es gab auch aufreibende Momente, die meine Unsicherheiten noch vertieften, anstatt neue Stärken hervorzubringen.

Während dieses Einstellungsprozesses fand ich meine Grenze. Ich fiel vornüber, landete platt auf dem Gesicht. Dann stand ich wieder auf und sagte: »Nein, vielen Dank, das hier ist nichts für mich.« Es war eine der besten Entscheidungen, die ich je getroffen habe.

4

Lass dich blicken, sei präsent, sei anwesend.

Sei präsent für Freunde. Sei präsent für dich selbst.

Nimm deinen Zahnarzttermin wahr. Auch wenn der Termin am Sonntagmorgen um neun Uhr ist und du am Abend vorher lange aus warst, viel lieber zum Brunch gehen würdest und du keine Lust mehr dazu hast, verantwortungsvoll zu sein, geh hin. Geh hin und lass dir deine Zähne reinigen und sei dankbar dafür, auch wenn du garantiert keine Dankbarkeit spürst.

Sei anwesend und erzähle Geschichten aus deinem Leben. Dein ganzes Leben bereitet dich auf die großen Momente vor, also sei zuversichtlich auf deinem Weg, denn du hast ja bereits Jahre an Erfahrung hinter dir. Das betrifft alle Einstellungsgespräche, Verabredungen oder wichtigen Gespräche. Es geht hauptsächlich darum herauszufinden, ob etwas oder jemand zu dir passt, weniger darum, ob du zu ihnen passt, also sei unterhaltsam und selbstsicher und trage leuchtendes Pink, wenn dir danach ist. Verschweige nicht, dass deine Lieblingssportart Boccia ist und du zurzeit alle Staffeln der »Golden Girls« am Stück guckst.

Geh zur Arbeit. Übernimm die Verantwortung. Sei ehrlich. Stell Fragen. Arbeite hart. Biete deine Hilfe an, biete deine Unterstützung an und lass dich nicht davon abhalten, dasselbe für andere liebe Menschen zu tun.

Nimm dir Zeit für deine Freunde und deine Familie. Auch wenn du mal keine Lust hast. Selbst wenn du die Freunde deiner Freunde nicht leiden kannst. Auch wenn du mit einigen deiner Verwandten überhaupt nichts gemeinsam hast. Geh zu Konzerten, auch wenn du am nächsten Tag arbeiten musst, geh zu Sportveranstaltungen, von denen du nichts verstehst, geh zu der Veranstaltung, die deine Freundin organisiert hat, von der du keine Ahnung hast – aber deine Freundin ist seit Wochen total nervös, weil es ihr wichtig ist, und sie braucht deine Unterstützung. Tauche zum Geburtstag deines Freundes mit der teureren Flasche Wein auf. Bedanke dich für die Einladung und sei pünktlich. Die Leute erinnern sich daran, ob du anwesend warst oder nicht. Auch die Person, von der du denkst, dass sie noch nicht mal deinen Namen weiß – sie weiß ihn und sie nimmt Anteil und sie wird sich an dich erinnern.

5

Finde ein Hobby, das du für immer beibehalten kannst.

Du wirst vielleicht nicht immer denselben Freundeskreis haben und in derselben Beziehung sein wie im Moment, aber du wirst immer mit dir selbst zusammen sein. Als ein neuer Erwachsener hast du jetzt die Möglichkeit, die Persönlichkeit zu werden, mit der du den Rest deines Lebens verbringen möchtest.

An einem warmen Abend in Lissabon, auf dem Höhepunkt meines Liebeskummers, wanderte ich einsam umher und betrachtete neidisch die schönen und lebensfrohen Menschen um mich herum. Sie saßen zwischen den Bäumen, spielten Gitarre, zeichneten, tanzten Salsa und häkelten mit neonfarbener Wolle.

Ich hatte zu dieser ganzen Szenerie eigentlich nichts beizutragen, außer mit meiner Wasserflasche dazusitzen und in mein Tagebuch zu schreiben.

Diese Menschen und ihre Lebensweise waren meilenweit von meiner Realität entfernt. Und dann kam mir der Gedanke, dass ich eine Brücke zwischen ihrer und meiner Realität bauen könnte. Ich könnte mich tatsächlich in eine Person entwickeln, die an einem warmen Sommerabend im Park sitzt und Gitarre spielt. Zuallererst würde ich Gitarrenstunden nehmen. Ich schrieb mich für so viele Kurse ein, wie ich Zeit hatte, um aus mir die Abenteurerin zu machen, die ich gerne sein wollte. Kurz gesagt, ich erschuf mein Erwachsenenselbst.

Ich beschloss, dass ich die Person bin, die zum Spaß Aquarelle malt, denn es fühlte sich beruhigend an. Und ich entschloss mich dazu, täglich ein Bild zu zeichnen und mit den Farben aus dem billigen Wassermalkasten, den ich noch vom Babysitting übrig hatte, auszumalen. Ich wurde Künstlerin, indem ich Kunst schuf.

Das große Geschenk, das uns Herausforderungen wie Liebeskummer, Zurückweisung, Verlust, wirklich jede Art von Rückschlag geben, ist die Einsicht, dass man aufhören muss, darauf zu hoffen, dass der nächste Tag besser wird. Vielmehr muss man damit beginnen, sich hier und jetzt selbst glücklich zu machen. Erwachsen zu werden ist dieser andauernde Prozess, aus den gewonnenen Lebenserfahrungen die Person zu formen, die du gerne sein möchtest.

Mache weiter deine Erfahrungen im Leben, fordere dich selbst immer wieder heraus und hab einfach viel Spaß!

MUSEUM MEINES LEBENS

Muttermal

Familienporträt

Porträt selbst gewählte Familie

Gabel vom ersten Date

Büste der Heldin aus Lieblings-buch

Reise-tagebuch

Brillen, die mir gehört haben

Erstes selbst gekauftes Schmuckstück

Diorama einer Kindheitserinnerung am See

Kreativität ist wie eine Basilikumpflanze auf
der Fensterbank in der Küche. Du zupfst eines
Abends alle Blätter für ein paar Löffel Pesto
und denkst: »Das war's!« Und am nächsten
Morgen bemerkst du, dass sie neue Blätter
hat – sogar mehr als vorher.

WIE SCHAFFE
ICH EINEN KÜNSTLER

1. Nimm eine sensible, neugierige kleine Verrückte mit ausgeprägtem Ausdruckswillen.

2. Wirf sie in Situationen, in denen sie sich nicht zu 100 % heimisch fühlt, sodass sie beobachten muss.

3. Gib ihr einen Stift und Ruhe.

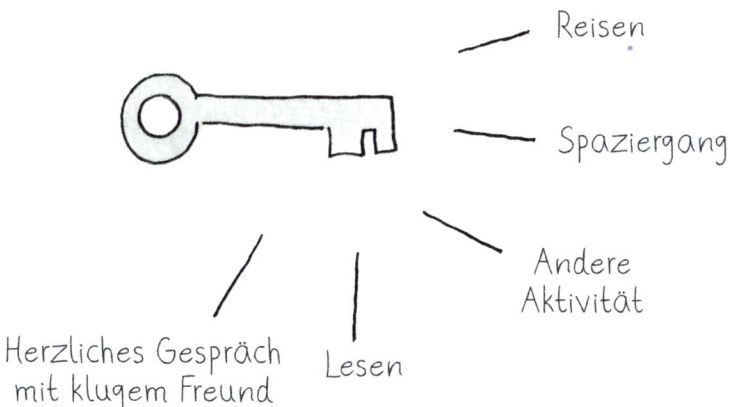

Reisen

Spaziergang

Andere
Aktivität

Lesen

Herzliches Gespräch
mit klugem Freund

REISE ZUM ENTDECKEN DES ICH

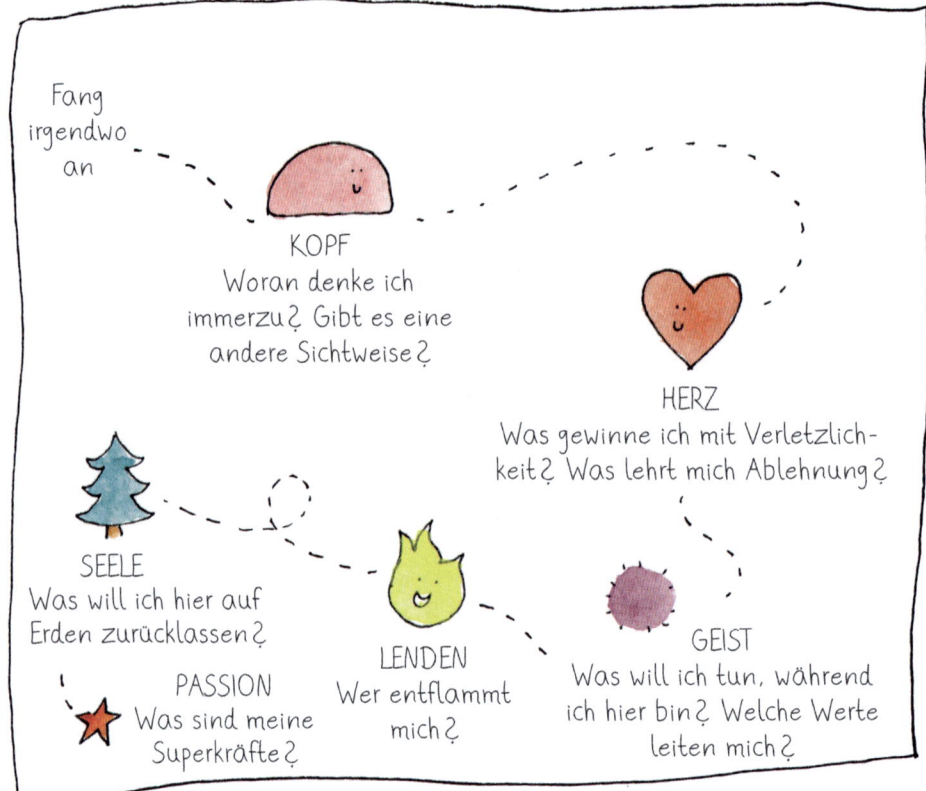

Fang
irgendwo
an

KOPF
Woran denke ich
immerzu? Gibt es eine
andere Sichtweise?

HERZ
Was gewinne ich mit Verletzlich-
keit? Was lehrt mich Ablehnung?

SEELE
Was will ich hier auf
Erden zurücklassen?

LENDEN
Wer entflammt
mich?

GEIST
Was will ich tun, während
ich hier bin? Welche Werte
leiten mich?

PASSION
Was sind meine
Superkräfte?

ALLTAGSABENTEUER, DIE DENSELBEN EFFEKT WIE REISEN HABEN

Auf der Feuerleiter frühstücken und dem Sonnenaufgang zuschauen

Zur Arbeit laufen

Glück

Etwas, was Spaß macht, ausprobieren (und Fotos davon posten!)

Eine durchgeknallte Dienstagnacht verbringen! (Klasse ist z. B. die Rollschuhbahn)

Neuen Lippenstift tragen, fühlt sich wie eine neue Frau sein an

Früh im Café aufschlagen, damit man den Cappuccino »hier« trinken kann

STUFEN ZUM ERWACHSENWERDEN

1. Arbeite mit dem, was du hast:
Was bei Marmor klappt, passt
nicht für Holz, okay?

2. Lass dich vom Leben
überraschen:
Deine Prioritäten verändern
sich und das ist gut so!

3. Aber du hast das letzte Wort:
Du musst selbst mit deinen
Entscheidungen leben.

4. Liebe deine Kreationen:
Du bist der Schöpfer deines
Lebens! Zeig es, sei stolz,
verbessere es. Es ist eine
Ausstellung, kein Wettbewerb.

Wie man schneller altert:

Ich bin zu alt zum Weggehen

(Ich bin 25)

Wie man jünger wird:

Kann ich mitmachen, bei was auch immer?

(Besonders wenn mir ein bisschen unbehaglich ist)

SCHATZSUCHE
NACH DIR SELBST

ERWACHSEN WERDEN
(BERUFLICHE VERSION)

WAS MACHT MICH AUS?

Eine Zeittafel

Kindheit ── Lieblingsfarbe

15 - 17 ── Band-T-Shirt

18 - 22 ── Studienfach oder Auslandsstudium oder Poster im Wohnheim

23 ── Profilbild

24 ── Freund (in Band)

25 ── Freund (hat einen Job)

26 ── Mein Singledasein

27 ── Meine ausgefeilten Cocktailbestellungen

Mit Pfiff!

28 ── Meine neue Traumkarriere

29 ── Alle erlittenen Ablehnungen

30 ── Haarschnitt

ANATOMIE EINER ERWACHSENEN

Geist offen für neue Erfahrungen

Geht bei Frisuren Risiken ein, aber definiert sich nicht darüber

Hat ihre Brille in der richtigen Sehstärke

Pflegt ihre Haut

Trägt Schmuck, der Geschichten erzählt

Herz offen für Möglichkeiten

Besitzt eine Auswahl an flauschigen Pullis (für drei Saisons geeignet)

Bringt bei Besuchen was zu trinken und zur Geburtstagsfeier ein Geschenk mit

Weiß, was in sozialen Netzwerken geteilt werden kann (und was nicht) und wann das Handy weggehört

Trägt Hosen, die sie zurücklieben

Strebt das Fertiglesen von Büchern an, aber schämt sich nicht, wenn's nicht klappt

Blasenfreie Füße (bereitet Absatztragen mit Blasenpflaster vor)

Denkt an wiederverwendbare Tasche

Ist herumgekommen

DANKSAGUNG

 Ein Bouquet Gänseblümchen, gebunden mit einer pinken Schleife, geht an meine »funkelnde« Agentin und Freundin Cindy Uh von der Thompson Literary Agency.

 Der bunteste Strauß Wildblumen für meine brillanten, fürsorglichen und kreativen Freunde. Danke, dass ihr der Wind unter meinen Flügeln seid, seit ich blogge: Susan, Kim, Icca, Kiki, Caitlin, Jumana, Joe, Theresa, Rodrigo, Janie, Sarah, Tim, Jon, Lauren, Jess.

 Eine blühende Pflanze für die Künstler/Schriftsteller, die mich so großzügig unterstützt haben: Dana, Liana, Darya, Chad, Adriana, Adam, Joanna, Brené ♡ und Queen Zoë.

 Ein Papierherz für die Menschen auf Instagram.

 Rosen im Überfluss für meine Lektorinnen Amanda Englander, Danielle Deschenes und all die Zauberer bei Clarkson Potter.

 Gelbe Tulpen in einer Vase für Mama: meine Liebe, mein Glück, meine Familie.

ÜBER DIE AUTORIN

Mari Andrew ist die Illustratorin,
die hinter @bymariandrew steckt. Sie
kommt ursprünglich aus Seattle. Momentan
lebt sie mit ihrer Lippenstiftsammlung
in New York.